**descubra
seu propósito**

Dados Internacionais de Catalogação na Publicação (CIP)
(Câmara Brasileira do Livro, SP, Brasil)

Souza, Jussara
    Descubra seu propósito : desperte seu talento, realize seus sonhos e encontre sentido para a vida / Jussara Souza. – Petrópolis, RJ : Vozes, 2019.

1ª reimpressão, 2019.

ISBN 978-85-326-6125-8

1. Atitude 2. Autoconhecimento 3. Autorrealização 4. Comportamento 5. Conduta de vida 6. Transformação (Psicologia) I. Título.

19-25356   CDD-158.1

Índices para catálogo sistemático:
1. Propósito de vida : Psicologia aplicada   158.1

Maria Alice Ferreira – Bibliotecária – CRB-8/7964

JUSSARA SOUZA

descubra seu propósito

DESPERTE SEU TALENTO, REALIZE SEUS SONHOS E ENCONTRE SENTIDO PARA A VIDA

EDITORA VOZES

Petrópolis

© 2019, Editora Vozes Ltda.
Rua Frei Luís, 100
25689-900 Petrópolis, RJ
www.vozes.com.br
Brasil

Todos os direitos reservados. Nenhuma parte desta obra poderá ser reproduzida ou transmitida por qualquer forma e/ou quaisquer meios (eletrônico ou mecânico, incluindo fotocópia e gravação) ou arquivada em qualquer sistema ou banco de dados sem permissão escrita da editora.

CONSELHO EDITORIAL

Diretor
Gilberto Gonçalves Garcia

Editores
Aline dos Santos Carneiro
Edrian Josué Pasini
Marilac Loraine Oleniki
Welder Lancieri Marchini

Conselheiros
Francisco Morás
Ludovico Garmus
Teobaldo Heidemann
Volney J. Berkenbrock

Secretário executivo
João Batista Kreuch

Editoração: Ana Lucia Q.M. Carvalho
Diagramação: Sheilandre Desenv. Gráfico
Revisão gráfica: Nilton Braz da Rocha / Fernando Sergio S.O. da Rocha
Capa: Rafael Nicoaevsky

ISBN 978-85-326-6125-8

Editado conforme o novo acordo ortográfico.

Este livro foi composto e impresso pela Editora Vozes Ltda.

Ao Divino Criador, que guia os meus passos todos os dias.

E ao meu marido – Multitarefeiro, companheiro de jornada.
Eu te amo. Sou grata.

SUMÁRIO

Prólogo, 9

1 Insatisfação, crenças limitantes e valores, 13
   Por que estamos tão insatisfeitos?, 13
   As crenças limitantes e o Ego nos impulsionam para trás, 18
   Livre-se do medo do fracasso e do erro, 24
   Tudo é uma questão de valores, 29
   Quais são os seus valores?, 33

2 Mas o que seria exatamente esse tal propósito? 39
   Uma vida sem propósito, uma vida vazia, 39
   1º ensinamento: você já parou para pensar qual é a sua missão de
      vida?, 42
   2º ensinamento: todos nós temos um talento único, 44
   3º ensinamento: é dando que se recebe, 47

3 Em busca do propósito, 57
   A fase da reflexão, 57
   A fase da decisão, 69

4 Cinco passos importantes para alcançar o seu propósito, 77
   Conhecer a si mesmo, 77

5 O poder da ação, 111
   É hora de agir, 111
   Planejamento é importante, 113
   Pesquisar áreas de interesse ou novas oportunidades, 118

Mude seus hábitos, cuide do seu corpo, 120

Encontre inspirações em outras pessoas, 123

Essa tal "normalidade", 125

Foco, interesse, persistência, 127

O *coaching* pode ajudar, 132

Sonhar não custa nada; não duvide de seus sonhos, 133

6 Intenção, sincronicidade, espiritualidade e afins, 141

O poder da intenção, 141

Sincronismo ou "coincidências de significado", 147

Faça uso do seu sexto sentido – a intuição, 153

Ho'oponopono, 157

Espiritualidade, 161

Epílogo – As quatro estações, 167

Agradecimentos, 171

Fontes de inspiração, 173

Notas, 177

PRÓLOGO

Antes de decidir entrar de cabeça no processo de transformação pessoal, profissional e espiritual, não tinha pensado a respeito do tema *propósito*. Essa palavra nunca me remeteu ao seu verdadeiro significado. No entanto, hoje, considero o seu significado grandioso. Mudou a minha vida.

Acreditava que propósito era destinado para "pessoas especiais", tais como Jesus Cristo, Madre Teresa de Calcutá, Gandhi e Nelson Mandela. Pessoas que vieram com a missão de compreender e conscientizar o ser humano; disseminar a união e respeitar as diferenças dos indivíduos.

Ter um propósito não estava nos meus planos.

No entanto, não existe essa história de "estar nos meus planos". Querendo ou não, todos temos um *propósito de vida*. Dependerá de sua crença acreditar nele.

A questão é a seguinte: achamos que não fazemos parte dessa elite de "pessoas especiais". Estamos enganados. Somos todos "especiais". "Normais" são aqueles que ainda se encontram em um "sono profundo". Infelizmente, eles ainda não despertaram para o seu propósito; ou temem o despertar.

Chega uma fase da vida na qual nos tornamos apenas passageiros. Imagine-se sentado no banco de um carro, de um trem ou de um ônibus em movimento. Lá fora, as imagens passando, rapidamente. Pense que essa paisagem é a sua vida. Quais das "paisagens" você de fato aproveitou? *Espera... para!... quero descer!* Essa seria a reação de quem se cansou de ser espectador. Essa foi a minha reação. Não queria ser mais coadjuvante, e sim protagonista da minha própria história.

Muitos ainda vão preferir continuar nesse estado "vegetativo", permitindo que a sociedade que o rodeia – com suas crenças limitantes – decida por sua trajetória. Eles se acostumaram com o vazio, mesmo sabendo que o motivo para suas insatisfações está ligado ao apego. O apego a uma vida de aparências, de sentimentos guardados, de ilusão, de vida perfeita postada nas mídias sociais, de família unida apenas na foto digital esquecida no arquivo do computador ou celular.

Desapegar é difícil! Sim, eu sei que é. Gera medo, gera dúvida, gera rejeição, e ninguém quer ser rejeitado. Há uma necessidade de aceitação, de fazer parte, e por isso acabamos criando diversos compromissos. Compromissos que nos fazem representar para sermos aceitos, nos fazem ter medo, nos fazem sentir inferiores. E nesse processo todo, gastamos energia para criá-los e mantê-los.

Na minha concepção, ser feliz era ter sucesso profissional. Um pensamento coletivo. Então eu trabalhava pura e simplesmente pelo dinheiro. O suficiente para investir e resguardar o futuro. Para ter uma casa confortável, viajar nas férias e trocar de carro a cada 2 anos. Só que esse objetivo – 'Ter" ao invés de "Ser" – me levou ao quase desmoronamento do meu casamento. Vivia pressionando meu marido a agir como eu.

Não pense que sou totalmente contra o "Ter". Não sou hipócrita. Mas aprendi que o dinheiro é uma energia neutra. Sua qualidade vai depender da maneira como o atraímos para nossa vida. É claro que ainda o desejo. Mas sei que para atraí-lo deve haver propósito, caso contrário, haverá desequilíbrio.

Até os meus 39 anos eu me encontrava na ilusão. Formada em administração de empresas com uma experiência de mais de

10 anos na área financeira, vivia trocando de emprego. A cada 2 ou 3 anos batia aquela insatisfação. Um vazio. Pensava que esses sentimentos poderiam ser preenchidos com outra atividade desafiante ou uma promoção. E lá estava eu, reivindicando ao meu líder algo mais motivador. E se nada acontecia – nem desafio, nem promoção –, fazia "as malas" e saía em busca de outra oportunidade. Não era do tipo de pessoa que ficava reclamando pelos cantos. Apenas ia embora. E a cada ano, as trocas de emprego tornavam-se cada vez mais cansativas.

Foi então que tomei a decisão de quebrar esse círculo vicioso; mudar minha vida e despertar para o meu *propósito*.

E lhe convido a fazer o mesmo.

Ok, mas como "eu" faço para despertar o meu propósito?, você deve estar se perguntando.

O primeiro passo já foi dado. Você se interessou pelo tema e adquiriu um livro que fala sobre o assunto. Sou imensamente grata por você ter escolhido o meu. Perceba que você já começou a refletir e "sentir" o seu propósito de vida. Está despertando para ele. Parabéns pela sua decisão!

Não acredito em coincidências. A partir do momento que você se interessa e deseja algo, o universo começa a movimentar-se a seu favor. "Ele" irá lhe apresentar caminhos que podem levá-lo ao seu objetivo. Aqueles que não compreendem esses sinais, ou não querem compreendê-los, escolhem permanecer no seu ciclo vicioso. Enquanto outros, se abrirão para um mundo de possibilidades infinitas.

Desde que abri meu coração para o meu propósito, tudo ao meu redor tem se transformado. Para melhor, é claro! Ter descoberto o meu talento e trabalhar nele torna estimulante cada dia da minha vida.

O objetivo deste livro é compartilhar com você, em detalhes, o caminho que trilhei para encontrar o meu *propósito*. Talvez, em algumas situações você vai achar interessante seguir alguns dos meus passos; em outras, vai observar que certas informações e técnicas não se encaixam na sua forma de viver. É assim mesmo que deve acontecer.

Além disso, não precisa tomar como verdade tudo que digo. De tudo que se manifesta na minha vida, eu mesma aproveito somente aquilo que se encaixa na minha realidade. Considere o que for mais relevante para você. Mas, por favor, não deixe de colocar em prática! Encontre a sua verdade e a melhor forma de "fazer acontecer", se for preciso. Experimente algumas técnicas citadas neste livro, tenho certeza que os resultados serão superpositivos e mudarão a sua vida... para melhor!

Portanto, a partir de agora, convido-lhe a descobrir o seu *propósito de vida*.

Vamos lá?!

1
INSATISFAÇÃO, CRENÇAS LIMITANTES E VALORES

*Se o seu propósito for tão somente
ganhar dinheiro, então, não sofra.
É para isso. Pronto. Se for realizar-se,
ter uma percepção autoral, obter
reconhecimento, então, esse é o seu
lugar ou o ofício errado.*

Mario Sergio Cortella

Por que estamos tão insatisfeitos?

Eu não sei você, mas não me lembro de ter muita certeza do que gostaria de fazer na vida, por assim dizer, profissionalmente.

Quando adolescente, eu era como a maioria daquelas da minha idade: pensava em seguir carreira nas profissões incentivadas pela sociedade ou pela minha família. Profissões que, na minha época (anos de 1990), tinham um certo *status* e a promessa de que com elas seria possível ganhar muito dinheiro. As principais eram: medicina, veterinária, engenharia, odontologia e direito.

Antes disso, ainda criança, dos 7 aos 13 anos, tinha um desejo de ser médica. Talvez, 90% das crianças da época pensavam em ser médicas ou veterinárias. Na infância, somos livres de qualquer crença (ainda!) e desejamos trabalhar ajudando o próximo;

a natureza e os animais. É um desejo forte, que aos poucos vai diminuindo dependendo do incentivo familiar que temos. Com o passar do tempo, ficamos mais individualistas. Nossa personalidade vai sendo moldada sob os olhos dos outros. Vamos nos desprendendo aos poucos da nossa essência.

Também queria ser cantora, paquita da Xuxa, Mulher Maravilha, "profissões" do imaginário juvenil. Mais uma vez somos chamados à realidade. Enquanto crescemos, deixamos de sonhar.

Tenho percebido que, apesar de ainda haver a pressão dos pais e da sociedade, crianças e adolescentes estão mais suscetíveis a conhecer novas profissões. Graças à influência positiva da internet e das mídias sociais, existem áreas que estão ganhando destaque. Principalmente, aquelas ligadas à tecnologia e à prestação de serviços. E, sim, é possível ser bem-sucedido em todas elas. Tudo depende da determinação e da força de vontade. Por isso, é tão importante incentivar as crianças a descobrirem aquilo que as fazem felizes desde cedo.

Ainda assim, persiste aquela máxima: "Isso dá dinheiro?!" Dinheiro suficiente para ter uma casa igual à de fulano, um carro igual ao de beltrano, viajar e poder matar de inveja ciclano? Acredito que o dinheiro deve ser direcionado na conquista de um lar confortável e aconchegante (e tanto faz se sua casa tem 10 quartos ou apenas 2), ter um carro bonito para acomodar a família nas viagens (sem se importar em causar inveja alheia), conhecer outros lugares (mas absorver sua cultura) e apreciar as belezas da localidade (ao invés de se preocupar em tirar milhões de *selfies* e postar a cada segundo no Instagram ou Facebook).

Por favor, não sou contra postar as fotos das viagens nas mídias. Mas será que você está realmente aproveitando o contato com as pessoas, a cultura local e a paisagem enquanto a cada minuto posta uma foto? Tenho minhas dúvidas. Desculpe-me a sinceridade.

Mas voltando à pergunta que inicia esse capítulo... *Você sabe por que estamos insatisfeitos?*

Porque o meio em que vivemos nos faz deixar de pensar em nossas próprias escolhas. Estamos preocupados em saber como os outros nos enxergam. Esse meio nos diz como devemos agir.

A partir do momento que você se desprende da necessidade de agradar ao outro, começará a se sentir mais livre para fazer suas escolhas; e a se desvencilhar dos olhares julgadores ao seu redor. "Se você tentar agradar a todos, poderá acabar não sendo amigo de ninguém", disse São Francisco de Salles[1], que viveu na França em 1567.

E por que, com o passar do tempo, ficamos tão insatisfeitos com a nossa vida?

Vivemos em um estado de "alienação". O objetivo principal ainda é formar uma família e construir um patrimônio. Felizmente, algumas pessoas estão buscando muito mais do que isso: elas querem se realizar, querem encontrar sentido para aquilo que fazem. Segundo o filósofo e escritor Mario Sergio Cortella, "a pessoa alienada é aquela que não pertence a si mesma". Ele ainda cita em seu livro, *Por que fazemos o que fazemos?*[2], o filósofo alemão Hegel, que apresenta o conceito de alienação como algo que eu produzo, no entanto, não me identifico com aquilo que produzo.

Portanto, se não me reconheço naquilo que faço, a vida vai perdendo sentido. E é por isso que estamos tão insatisfeitos. Muitos não conseguem se realizar, não encontram sentido porque estão presos, inconscientemente, ao meio em que vivem, às crenças limitantes e ao "ego", ou melhor, ao *alter ego*. "*Alter*" quer dizer "outro", "alheio", "alienação".

Antes de despertar para o meu *propósito*, eu vivia pensando se o colega com o cargo parecido com o meu ganhava o mesmo salário. Além disso, acompanhava outras pessoas sendo promovidas e me perguntava: *Por que será que não alcancei a mesma posição ainda?* Sempre achava que o meu carro estava velho e precisava ser trocado por um novo. E, em relação às pessoas próximas, nunca viajava o bastante. Enfim, passava boa parte do tempo comparando a minha vida com a do outro. Por um tempo, tive vergonha em admitir, mas era a pura verdade.

A comparação somente é benéfica se servir de motivação para alcançar um sonho. Do contrário, pode nos levar à inveja – sentimento tão inerente e prejudicial ao ser humano. Temos que trocar a comparação (negativa), ligada à inveja, pela "admiração". Devemos ficar felizes pelas conquistas do outro, e usá-las como exemplo para o nosso próprio avanço. Uma maneira positiva de comparação é relacionar o nosso estado atual de insatisfação com pessoas que passaram por situações parecidas e conseguiram encontrar o seu propósito. Isso é extremamente positivo. No capítulo 5 abordo o assunto falando sobre *fontes de inspiração*.

No fundo, esses sentimentos: insatisfação, comparações (ligadas à inveja), dentre outros, nos afastam da felicidade; são resultado do *ego* em desequilíbrio e das *crenças limitantes*. São eles que nos impedem de tomar as ações necessárias para mudar a nossa vida, nos incitando a permanecer em um pensamento coletivo, compartilhado pela grande maioria das pessoas para sermos aceitos. Mesmo que isso nos conduza à infelicidade.

Parte das pessoas ainda insiste em vivenciar relacionamentos "sem futuro" e empregos sem propósito. Simplesmente porque evitam se preocupar em buscar soluções ou finalizar algo que não está dando mais certo. Isso me faz lembrar aquele ditado: "Dando murro em ponta de faca". Há aquelas que passam uma vida inteira "dando murros em ponta de faca". Vivem reclamando ou clamando a Deus. Fatalmente, sairão machucadas, decepcionadas e insatisfeitas. A maioria teme a mudança. Desejam continuar sentindo medo da insegurança e da dor que ela provoca. Esse medo é alimentado pelas *crenças limitantes*. Crenças adquiridas através do tempo, desde criança.

O medo nos paralisa. O medo do futuro, medo de fracassar, medo do que os outros vão dizer... até medo de ser feliz. Pode isso? Pessoas paralisadas pelo medo acreditam que precisam de grandes passos para mudar. Estão erradas. São as pequenas ações que trazem grandes transformações. É certo que se chega a um estágio que se faz necessário uma decisão. Assumir a responsabilidade. Será que é preciso chegar a esse ponto para decidir ser feliz de verdade?

É incrível como certas pessoas gostam de falar de tragédias e crise. Meu Deus, que preguiça! Mas fazer o quê?! Por vezes, temos que exercer a paciência e escutar. Na minha casa, o meu marido e eu abolimos certas palavras do nosso vocabulário. Algumas delas são: *crise, problema, tragédia, "é difícil"*, dentre outras que, juntamente com os pensamentos e sentimentos negativos, têm o poder de atrair e nos incluir nessa coletividade "catastrófica". Desde que começamos a evitar dizer essas palavras na minha casa, é incrível como começamos a atrair "coisas" boas para a nossa vida.

E a respeito do "ego", ele faz parte da nossa personalidade, não podemos negá-lo. Até certo ponto, nos ajuda a ser mais confiantes. Isso é positivo! No entanto, em desequilíbrio, pode nos levar a prejulgamentos e à individualidade extrema. Sabe aquela pessoa que tudo critica? Que diz que suas coisas são sempre melhores do que as do outro... Ela quer ter razão em tudo. Você já deve ter se deparado com uma pessoa assim. Ou, quem sabe, seja você mesmo essa pessoa?! Sou ré confessa. Eu mesma já alimentei esse meu lado egoísta.

Um momento de insatisfação e dor pode ser seu melhor amigo. Um "amigo" que lhe conduzirá e o impulsionará para rever seus valores. Que o ajudará a decidir sobre novos rumos a serem tomados na sua vida. Se você decidiu ler este livro, é porque resolveu mudar, ou já está passando por esse processo de mudança. Está dando os primeiros passos. São momentos de muita dor que nos levam ao desejo de se soltar desse emaranhado de teias ao qual estamos presos.

Penso com muito carinho nos períodos de dor e insatisfação que passei. Foi por causa deles que vivo o meu *propósito de vida.*

Por isso, convido-lhe a continuar comigo nessa leitura. Ela poderá ajudá-lo a despertar, a tomar as rédeas da sua vida e se livrar de todos esses sentimentos de vazio e insatisfação. Quem sabe a minha própria experiência possa auxiliá-lo a encontrar a sua missão de vida, o seu *propósito.*

As crenças limitantes e o Ego nos impulsionam para trás

Segundo o mestre espiritual e autor Sri Prem Baba, as *crenças limitantes* fazem parte de um "programa do ego". Em seu livro *Propósito – A coragem de ser quem somos*[3], o "programa do ego" está relacionado aos *fatores externos* e ao nosso *karma*. O *karma*, ao qual refere-se o autor, não está somente ligado apenas às experiências passadas, mas às nossas intenções. Essas intenções podem ser tanto boas quanto más. Para cada intenção ou ação existe uma causa e efeito.

Os *fatores externos* são representados pelas interações com a família e a sociedade em que estamos inseridos: suas condições sociais, seu desenvolvimento espiritual e o seu nível de conhecimento. É através da família que a criança aprenderá a desenvolver suas habilidades e adquirirá as virtudes e valores necessários para crescer e se consolidar como indivíduo.

Até aqui tudo bem? A questão é: o que acontece quando essa criança sofre traumas ou é estimulada por meio de *crenças limitantes*?

A psicóloga Carol Dweck, autora do livro *Mindset – A nova psicologia do sucesso*[4], nos conta a história de Mark. A mensagem que os pais lhe passavam era a seguinte: *Não nos importamos com quem você venha a ser, nem mesmo seus interesses. Só amaremos você e o respeitaremos se você entrar em Harvard.* Mark era um ótimo aluno e adorava matemática, se destacando nessa matéria. Assim que terminou o ensino fundamental, decidiu que queria fazer o ensino médio na *Escola Stuyvesant*, em Nova York. A escola era famosa pelos seus estudos aprofundados em ciências e matemática. Mark sonhava em estudar lá com os melhores professores que ministravam matemática. A *Stuyvesant* também tinha uma parceria com a Universidade Colúmbia. Seria uma grande oportunidade de ingressar na universidade. Porém, no último instante para a inscrição, seus pais não concordaram. Eles "ouviram" que era difícil para os alunos que frequentavam *Stuyvesant* entrar em Harvard. Sendo assim, o mandaram para outro colégio. Dá para imaginar a pessoa frustrada que Mark se tornou?

Quando uma criança cresce sendo reprimida, provavelmente se sentirá carente, não amada e insegura. E não ao acaso, ela passa a se tornar uma pessoa ciumenta, invejosa, que não consegue conter suas emoções. A raiva é uma delas. Essa mesma criança aprende que é vítima das próprias circunstâncias, e, portanto, quando adulta, se exime da culpa pelos seus infortúnios. Essa pessoa vive na defensiva. O problema é o outro, não eu.

Srim Baba deixa bem claro que repressão é diferente de "dar limites". Reprimir é dizer: "Não faça isso", ou aquilo" ou "Você tem que fazer isso para ser reconhecido e amado", como os pais de Mark pensavam. Geralmente, a repressão tira a liberdade de uma pessoa. Ela deixa de pensar por ela e passa a pensar como os outros. O limite é uma forma de amar, de proteger, de atenção, fundamentais para o desenvolvimento saudável do indivíduo.

O limite está ligado à ética e às boas condutas, fundamentais na formação do caráter.

Veja abaixo alguns exemplos de crenças limitantes:

- Eu sou burro, não consigo aprender.
- Eu não mereço o sucesso.
- Eu não tenho sorte.
- As pessoas que têm dinheiro são más/desonestas/gananciosas.
- As pessoas com a minha formação não terão sucesso.
- A profissão que escolhi não dá dinheiro.
- Eu deveria saber todas as respostas.

Por trás de toda crença, sempre há uma *convicção*.

Convicções são crenças pessoais ou uma opinião firme a respeito de algo, como resultado de influência externa. Pessoas com *convicções* muito fortes, por vezes, se fecham às novas informações. Por outro lado, quando conseguimos nos comunicar através das convicções, rompe-se essa barreira e passamos a questionar certos padrões impostos, e novas informações são aceitas.

Por exemplo, se uma pessoa acredita que sua vida é um fracasso, ela está se convencendo dessa situação, e, portanto, terá mais disso a cada dia. Por outro lado, a pessoa que acredita ser capaz de realizar seus sonhos, que os obstáculos são formas de aprendizado e confia que no final sempre haverá uma solução para qualquer problema, provavelmente, ela atrairá aquilo que está convencida que obterá. É a lei da atração!

Agora, uma *crença limitante* é mais intensa que uma *convicção*. Ela ofusca a *convicção* devido sua intensidade emocional. Nesse caso, uma pessoa que tem uma *crença limitante* não gosta de ser questionada, bem como não está aberta a diferentes opiniões. Geralmente, resistem a novos padrões a um ponto obsessivo. Tentam a todo custo convencer os demais do seu ponto de vista.

É como aquele "amigo" que diz: "Você sabia que fulano fez isso e aquilo...", e você acaba acreditando, sem procurar saber se é verdade, e muda seus sentimentos em relação ao outro que não está ali para se defender. Acaba discriminando a pessoa apenas com base naquilo que lhe disseram.

Chamo essa postura de "Síndrome da Maria vai com as outras". Nem um pouco autêntico da minha parte. Mas, para mim, é a melhor definição. A "Maria vai com as outras" tende a acreditar em tudo que lhe digam, simplesmente porque todos os outros acreditam. O palestrante motivacional Tony Robbins comenta que essa atitude é conhecida na psicologia como *confirmação social*[5]. Segundo Robbins, quando as pessoas querem fazer algo e não têm certeza de como fazê-lo, partem para a orientação de um especialista. Elas tomam às cegas as informações que recebem, sem questionar ou verificar se tal informação caberia na sua forma de viver. Por isso, muita atenção! Os especialistas nem sempre estão certos! Questione sempre. Inclusive aquilo que escrevo aqui. Por favor, analise e coloque em prática apenas o que servir para você.

Certas pessoas tendem a generalizar as situações porque estão atreladas às suas *crenças limitantes*. Talvez você não teve sucesso em alguma área da sua vida, seja ela profissional ou pessoal, e por esse motivo não se julga apto para ter êxito. Vive repetindo: "Não tenho sorte no amor", "Aquela vaga não era pra mim", "Nunca ganhei nada" ou "Não tenho sorte mesmo". As pessoas tendem a desenvolver crenças limitadoras sobre quem realmente são e do que são capazes de realizar. Só porque não conseguiu no passado, fica com a certeza que não é capaz de conseguir no futuro. E por isso intitula-se "realista". Eu também fazia parte desse grupo. Fazia os meus prejulgamentos e afirmava "Estou apenas sendo realista". Por esse motivo, os resultados dos meus esforços eram limitados e não me traziam plena satisfação.

Imagine se os gênios do século XX, criadores de grandes invenções, tivessem sido realistas? Certamente, não haveria celular, micro-ondas, nem mesmo a televisão. Imagine se os inventores do avião, os Irmãos Wright e Santos Dumont, tivessem abandonado o sonho de voar? Todas as vezes que viajo de avião penso como o homem foi genioso em criar uma máquina que voa a centenas de quilômetros por hora, a uma altitude de 11.000 metros e carregando pessoas e objetos. Não lhe parece espetacular?

É por isso que temos que acreditar que sonhos são possíveis de serem concretizados. Por mais absurdo que lhes pareçam. Que seja para os outros, não para você! Einstein não desistiu de encontrar a fórmula da Teoria da Relatividade. Nem tampouco Alan Turing duvidou que conseguiria criar uma máquina decodificadora de mensagens alemãs na 2ª Guerra Mundial, salvando milhares de vidas.

Pessoas de sucesso, grandes líderes não são "realistas".

Realidade são para as pessoas que vivem no pensamento coletivo, e não gostam de serem questionadas. Elas são condicionadas a evitar a dor e a obter prazer no curto prazo. Mas agindo dessa forma, acabam atraindo para si a dor a longo prazo. Podemos citar como um exemplo clássico, uma pessoa que fuma, que não cuida da alimentação e que excede no álcool. Uma combinação bombástica. Esse conjunto de coisas pode até trazer prazer a curto prazo, porque ela sabe que parar esse círculo vicioso é doloroso. A boa notícia é, se ela decidir se cuidar o quanto antes, essa dor poderá ser melhor administrada a curto prazo. Porém, se ela continuar como está, as consequências poderão vir acompanhadas de uma dor mais pujante a longo prazo.

Que tal adotar mais *convicções* do que *crenças limitantes* na sua vida? Uma forma de adotar mais convicções é encontrar alguém que conseguiu ou está obtendo os resultados que você almeja para a sua vida. Procure por fontes de inspiração. Ouço as pessoas dizerem: *Ah, mas fulano fracassou, não conseguiu atingir o objetivo dele.* Nesse caso, replico: *Você deveria se comparar às pessoas de sucesso ao invés daqueles que perdem tempo em reclamar. Os reclamões estão sempre à espera de um milagre.*

Pessoas bem-sucedidas carregam consigo um conjunto de *convicções fortalecedoras.* Vou compartilhar com vocês algumas das minhas.

- Sou fonte divina.
- Sou uma pessoa confiante.
- Acredito que para qualquer problema ou obstáculo há uma solução.
- A vida é uma dádiva de Deus.
- Sou uma pessoa agraciada pelo divino.
- Sou uma escritora de sucesso.
- Eu acredito na minha capacidade.
- Mudanças atraem coisas boas para a vida.
- Sou responsável por tudo aquilo que acontece ao meu redor.
- Sou responsável pelos meus pensamentos e sentimentos.
- Pensamentos negativos atraem coisas negativas.
- Pensamentos positivos nos leva à prosperidade.
- Sonhar é preciso.
- O meu compromisso é primeiro comigo.
- A morte é uma passagem para um novo ciclo de vida.
- Sonhos sem metas são só sonhos.

Estas são algumas convicções que hoje permeiam a minha vida. Mas nem sempre foi assim. As construí desde que passei a me conhecer melhor, me tornando mais questionadora e de convicções fortes.

Decidi remover da minha vida as *crenças limitantes* e tomar conta do meu *ego*, que me pressionava com a necessidade de ter sucesso e dinheiro para agradar as pessoas e ser reconhecida. Resolvi "alimentar" o lado bom do meu ego, que me direciona para a realização do meu *propósito de vida*. Deixei de ser *realista*, e passei a sonhar mais. De início, não foi nada fácil me despir de todas as convicções limitadoras. Cheguei até a pensar: *E se esse novo trabalho não der certo?* Confesso que doeu no curto prazo, devido às várias recaídas que tive, mas valeu muito a pena. E, por isso, decidi compartilhar com você essa minha jornada.

Mas antes, deixa eu lhe fazer uma pergunta: Você tem medo de quê?

Livre-se do medo do fracasso e do erro

Você acredita ser uma pessoa de "*mindset* fixo" ou de "crescimento"? Ok, tudo bem. Não dá para responder sem saber do que se trata exatamente esses dois tipos. Além disso, você deve estar perguntando: *O que isso tem a ver com o medo de errar?*

Tudo a ver. Vou explicar.

A professora e psicóloga da Universidade de Stanford – Carol Dweck[6], estudou por anos a atitude mental das pessoas – ou "*mindset*", como ela intitulou. Dweck constatou que é possível alcançar qualquer objetivo, seja ele pessoal ou profissional, com o "*mindset*" ou "pensamento" certo.

Segundo seus estudos, as pessoas de "*mindset* fixo" ou "pensamento fixo" possuem uma necessidade de mostrar o seu valor, e acreditam que suas qualidades não podem ser mudadas. Elas costumam repetir: "Eu sou assim". Na maioria das vezes, pessoas de "pensamento fixo" tiveram seus erros reforçados negativamente em sua infância.

Vou relatar mais uma história contada por Dweck em seu livro – a do casal Martin e seu filho Robert. Com apenas três anos, Robert era uma criança muito inteligente e criativa. Admirado pelos pais, eles adoravam suas peripécias. Até o dia em que Robert não foi aceito no principal colégio da cidade de Nova York. O orgulho do casal foi ferido. Desde então, passaram a tratá-lo com frieza. O orgulho e o afeto desapareceram pelo menino esperto, afinal ele os havia envergonhado (e as demais pessoas a quem os pais se importavam em exibir o menino). Ainda criança, ele foi considerado um fracassado pela família e tratado como tal.

Você já deve ter ouvido, presenciado, ou até mesmo vivido uma situação parecida, frequente na escolha profissional de um jovem. Muitos pais querem que seus desejos profissionais sejam realizados pelos seus filhos. E, se este não atinge as expectativas, o jovem é subjugado. Caso tenha passado por uma situação parecida, a melhor maneira de reagir é não se vitimizar. Devemos usar tais circunstâncias como forma de superação.

Segundo Dweck, todos temos as duas personalidades; tanto o "pensamento fixo" quanto o de "crescimento". A diferença é que em algumas pessoas as crenças limitantes as levam a ter mais de uma personalidade do que da outra.

Pessoas com um índice elevado de "pensamento fixo" não gostam de arriscar, tem medo do novo. Elas tendem a se acostumar com as coisas como estão. Aceitam, mesmo sofrendo com tal situação. Tendem a ter um grau maior de depressão frente às dificuldades e costumam culpar os outros pelos seus fracassos. Por outro lado, pessoas de "pensamento de crescimento" podem até ficar deprimidas, mas logo em seguida tal situação lhes incutem um certo grau de determinação para enfrentar os problemas.

Não adianta dizer: *Eu não me importo com erros ou fracassos*. No fundo, ninguém gosta de errar ou fracassar. A diferença está em como lidamos com tal situação quando passamos por ela. O erro faz parte do aprendizado. Não se trata de deixar de ficar chateado(a) quando errar. Não mascare o sentimento de decepção. Somos humanos; não robôs. Você vai saber lidar com a situação quando encontrar o real motivo que o levou a fracassar, perguntando-se: *O que eu deveria ter feito de diferente? Qual novo rumo devo tomar? O que Deus está querendo me dizer?* Deus sempre está querendo nos dizer alguma coisa, por meio de fracassos, dos obstáculos e das doenças. Não adianta ficar culpando o universo ou os outros. Apenas pense porque está recebendo esse "desafio" na sua vida.

Michael Jordan não se tornou um dos maiores jogadores de basquete de todos os tempos por pura sorte. Ele virou um ícone do esporte porque falhou, e muito. O fracasso foi combustível convertido em esforço e determinação. No comercial para a Nike[7], o ícone americano apareceu dizendo: *Eu errei mais de 9.000 arremessos na minha carreira. Eu perdi quase 300 jogos. Por 26 vezes me foi confiado o arremesso que nos faria ganhar o jogo... e eu errei. Eu falhei, e falhei, e falhei, e falhei de novo na minha vida. E é por isso que eu venço!*

As pessoas bem-sucedidas não se abalam por seus fracassos e erros. Entendem que a cada erro devem mudar a forma de agir ou o caminho a seguir. Elas sabem que os problemas não são para sempre. São diferentes daqueles que quando se deparam com o menor dos problemas acreditam que estes serão permanentes, para a vida toda. Se você se convencer que nada pode ser feito a respeito daquilo que lhe deixa insatisfeito – porque, até hoje, o que fez não conseguiu mudá-lo –, esse sentimento poderá ser nocivo na sua vida.

As pessoas com "pensamento de crescimento" acreditam que podem mudar e se desenvolver através do esforço e persistência. Só tem experiência quem "passa por", certo? Arriscam porque sabem que o máximo que poderá acontecer é não dar certo. Mesmo assim, tentaram.

Já parou para pensar se está realmente seguindo o melhor caminho? Não seria o momento de mudar a forma de lidar com algumas situações? Às vezes, Deus nos avisa através dos obstáculos. Se você tenta uma, duas, três... vinte vezes, e continua obtendo o mesmo resultado, ele pode estar lhe enviando a seguinte mensagem: *Meu filho, entenda o Meu aviso. A maneira que você está lidando com essa situação não está surtindo efeito porque deve mudar a forma de agir.*

Einstein dizia: *"A insanidade é continuar fazendo sempre a mesma coisa e esperar um resultado diferente".* Somos condicionados a pedir e esperar que um milagre aconteça, sem mudar nossa abordagem. A "esperança" a qual todos fomos estimulados a acreditar nos faz seguir esse caminho. *Esperança é esperar.* Fomos, literalmente, treinados para "esperar" que as coisas aconteçam. Acreditamos que o mundo gira ao nosso redor. *A esperança é a última que morre*, costuma-se dizer. É mais ou menos isso mesmo que acontece. Algumas pessoas "esperam" e morrem frustradas. Não acredito em *esperança*! Acredito em *confiar* e *acreditar*. Acredito que a divindade está em mim e conduz todas as minhas ações. Sou responsável por me conduzir ao erro, se assim for. Vai depender de mim extrair e entender a "parte boa" dessa situação. E pensar que ela me levará para algo muito melhor.

Você já dever ter se deparado com pessoas que costumam dizer: *Rezo tanto, peço tanto, mas nada acontece.* Será que o pedido veio do coração? O universo leva em consideração o seu pedido se você conspirar junto com ele. Imaginemos uma pessoa doente. Ela pede a cura, mas precisa fazer a sua parte. Ou seja, procurar por um tratamento adequado, mudar certos hábitos, ter pensamentos e sentimentos mais positivos, confiar e acreditar na cura. E, mesmo com todo esse movimento, devemos pensar na Vontade Divina. Não sabemos ao certo os planos de Deus para conosco. Somos cocriadores nesse universo. Não orquestramos sozinhos. Por isso, além de fazer a sua parte, inclua em sua vida o ato de *agradecer*. Agradeça a doença, se estiver passando por ela. Ela pode ter se manifestado para fazê-lo conscientizar-se de suas ações.

Será que o fracasso teria relação com a aceitação de quem somos? Talvez o que você esteja encarando como fracasso trata-se apenas de aceitar suas limitações ou imperfeições. Principalmente, se elas de fato não interferem profundamente na sua vida ou daquelas que estão ao nosso redor.

Um episódio interessante aconteceu comigo na aula de yoga. Nesse dia, estávamos eu, o meu marido, a instrutora e uma aluna nova. Era o primeiro contato da aluna com o yoga. Na sua apresentação, ela comentou que não tinha nenhuma flexibilidade. Claro, era seu primeiro dia de aula. A instrutora não esperava que ela fizesse uma posição inversa. O meu marido e eu entramos na conversa dizendo que a flexibilidade e a facilidade de fazer certas posições viriam com o tempo. Nessa hora, nossa instrutora foi muito sábia com as palavras. *Pessoal, temos que ter em mente que, mesmo praticando há mais tempo, algumas pessoas vão conseguir fazer certas posturas com facilidade, e outras não. Mas, o mais importante, é termos ciência das nossas limitações e aceitá-las.* Aquelas palavras caíram como uma luva. Ter consciência de que você é diferente do outro, com suas limitações, é uma forma de vencer o medo de errar ou fracassar.

Agradeço todos os dias pelos obstáculos na minha vida. Como aquele período "tenebroso", há dois anos, que me levou a um período de angústia e insatisfação, mas que também me trouxe ao momento atual em que vivo – disposta a me desenvolver e criar valor para a minha vida e de outras pessoas. Isso acontece quando decidimos buscar nosso propósito e a identificar nossos verdadeiros valores.

E é a respeito desses "valores" que gostaria de falar a seguir. A propósito, *você sabe quais são os seus valores?*

Tudo é uma questão de valores

Os *valores* nos remetem a algo que seja importante para cada pessoa, individualmente. Baseando-se em nossos *valores* pessoais, buscamos atingir nossos objetivos de vida. Para alguns, o *sucesso* e o *reconhecimento* são valores priorizados em relação à *integridade* e à *honestidade*. Outros são capazes de fazer qualquer coisa para alcançar seus objetivos, sem se importar se irão passar por cima dos valores de outros. E até mesmo, se necessário, fazer uso de práticas ilícitas. Um exemplo? A maioria dos políticos que nos representam.

Por isso a pergunta: *Você sabe quais são seus valores?* Talvez diga: *É claro que eu sei!* Pois bem, pense agora quais são eles. Ficou um tempo "matutando"? Não se preocupe, aconteceu o mesmo comigo. Antes de fazer a minha lista, ficava um bom tempo pensando para responder. E, mesmo assim, não tinha certeza se eram de fato os valores que me representavam naquele momento.

Conhecer os seus valores é importante porque eles podem lhe ajudar a encontrar o seu propósito. Valores maldefinidos representam possibilidades maiores de fracasso.

Você pode dizer que preza pela *segurança, felicidade, honestidade*... ok! Mas já pensou a fundo a respeito? Será que, hoje, as suas ações e necessidades de realização refletem os seus valores atuais? Você acredita que há coerência naquilo que você fala e pratica?

Por exemplo, quem preza por *segurança* pode ficar insatisfeito trabalhando como autônomo, pois não há um salário garantido. Deve-se ter em mente que os ganhos são variáveis. É um tipo de trabalho para aqueles que prezam pela *liberdade*, que gostam de ser donos de seu próprio negócio, e sabem que o que entra no bolso dependerá exclusivamente da sua dedicação. Não estou dizendo que você não tenha que se esforçar para garantir o seu salário mensal, caso seja funcionário. Longe disso! Dar o melhor de si deve estar em todos os aspectos da nossa vida, tendo um emprego fixo ou não.

No decorrer da minha jornada de transformação, percebi que os meus valores foram trocando de posição – numa escala de prioridade. A partir do momento que passei a me conhecer melhor, os meus objetivos começaram a ficar cada vez mais claros. Percebi que certos valores ficaram mais importantes do que outros.

A lista de valores abaixo reflete as minhas prioridades hoje, antes de me deparar com o meu propósito de vida.

1) honestidade/comprometimento;

2) controle/poder;

3) realização/sucesso;

4) segurança;

5) intimidade/confiança;

6) saúde;

7) amor/compaixão;

8) liberdade/autonomia;

9) aventura/diversão;

10) tranquilidade.

Claro que tinha outros valores, mas a lista acima são os que condiziam com as minhas ações.

Você já ouviu falar de James Brown? Seja qual for sua idade, provavelmente, já deve ter escutado *"I Feel Good"* em comerciais ou tema de algum filme. James Brown era um gênio. O cantor é considerado o rei do *Soul Music* e do *Funk* americano. No entanto, seu ego em desequilíbrio e o temperamento forte o conduziram para uma vida "atormentada" e cheia de desafetos.

James Brown[8] nasceu na Carolina do Norte durante a Grande Depressão. Sua família era extremamente pobre. Abandonado pela mãe, quando criança, foi deixado aos cuidados de um pai violento. Ainda garoto, o pai decidiu ir para a guerra. Sua única opção foi entregar o menino Brown para uma tia, dona de um prostíbulo.

Nesse período, James teve que aprender a se virar sozinho. Viveu nas ruas, roubou, foi preso. Mas graças a Bobby Byrd – que viria a se tornar seu braço direito e integrante fiel da sua banda –, James não permaneceu na cadeia por muito tempo. Bobby o viu cantar na prisão e reconheceu ali um talento "nato". Então, convenceu sua família a pagar a sentença e a acolher o gênio da música na casa deles.

Os valores do cantor foram moldados por uma vida difícil. Teve que ser forte e autoconfiante ao extremo para sobreviver. Algumas de suas ações não eram lá as mais corretas. Numa época de grande sucesso, sonegava impostos para enriquecer rapidamente. O "poder" era um valor importante para ele. Perfeccionista, James costumava maltratar os integrantes de sua banda, inclusive o amigo Bobby Byrd. Era violento, provavelmente por influência do pai, e batia em suas mulheres.

Numa escala de valores, provavelmente, os 5 primeiros de Brown seriam:

1) poder;

2) sucesso/realização;

3) comprometimento (com sua carreira);

4) liberdade;

5) aventura.

Certamente, o "poder" e o "sucesso" eram muito importantes para o autor. Ele queria ser o melhor. E, por isso, estava disposto a dar o máximo que podia. Exigia o mesmo das pessoas a sua volta, sem se importar se lhes faltasse com o respeito. James era "comprometido" com sua carreira, muito mais do que qualquer outra coisa. Ele também valorizava a "liberdade", por isso contratou o empresário de sua gravadora, passando a administrar as bilheterias de seus próprios *shows*. Ficou milionário ainda próximo dos 20 anos.

O "amor" deveria estar no final de sua lista de valores. Não seria diferente. Ele não poderia dar o que nunca teve.

Será mesmo?

Pode ser que James Brown tinha esses valores devido às dificuldades por que passou: a falta dos pais, a infância no prostíbulo. Acredito na influência do meio em que vivemos. Entretanto, pare para pensar em tantas outras pessoas que passaram por uma série de dificuldades e deram a volta por cima.

Oprah Winfrey não teve uma infância tão diferente da de James Brown. A apresentadora e empresária americana também foi abandonada pela mãe, sendo criada pela avó, que a maltratava. Como o cantor, sua família era extremamente pobre. Eles viveram no período de segregação racial. Uma época na qual os negros eram considerados inferiores em relação à população branca. Até 1964, os lugares públicos e privados nos Estados Unidos eram separados para negros e brancos.

Oprah sofreu abusos sexuais do tio e primos durante cinco anos, ficou grávida na adolescência, mas perdeu o bebê. E nem por isso ela carregou ódio no seu coração. Provavelmente, o "poder" estaria na sua lista de valores, mas não em primeiro lugar. É claro que ela almejava o sucesso. E ela o alcançou. Porém, nunca deixou de lado o "amor". O "amor" de aceitar o outro como ele é, do respeito, da honestidade.

Em um dos seus programas, ela conta que escolheu viver a vida de coração aberto, através do amor e sempre alinhada aos seus valores: *aceitação, tolerância, harmonia, cooperação e respeito à vida.* Mesmo diante de todas as adversidades e dificuldades ela sentiu que não poderia prosperar carregando dentro de si ódio e rancor. E tem mais; ela afirma ter tido esta certeza aos 4 anos de idade.

Gostaria apenas de deixar claro que não devemos encarar o valor "poder" como sendo inferior aos demais. O "poder" pode e deve estar na sua lista de valores. Este "poder" está relacionado a você ter controle da sua vida. E isso é muito bom. Meu marido e eu decretamos todos os dias, após a meditação e os agradecimentos: *amor, saúde, felicidade, poder, prosperidade e abundância, já!*

Então quer dizer que a minha experiência não define a minha identidade? Somente se você a escolher como argumento para se vitimizar. Claro que a nossa personalidade tem traços da nossa essência e experiência. No entanto, vai depender do sentido que queremos dar a nossa vida. Reflita a respeito. Foi você quem escolheu ser quem é hoje. Observe se não está se deixando levar pelos argumentos de outras pessoas. Ou fatos que aconteceram na sua vida sem que percebesse ou aprovasse?

Aquela primeira lista de valores que citei no início mudou juntamente comigo. As prioridades são outras.

E você, quais são os seus valores?

Quais são os seus valores?

Reflita, se por acaso na sua lista de prioridades estivesse a *honestidade*. Talvez você não se sentiria muito bem furando fila, subornando o guarda de trânsito, fazendo instalações clandestinas de canais pagos de TV na sua casa. Vejo muitos exigindo de seus governantes, mas suas próprias ações não condizem com aquilo que pregam. Uma vez li uma frase que dizia: *A única diferença entre uma pessoa comum que pratica "pequenos delitos" e um político corrupto é o quanto suas mãos podem alcançar.* Resumindo, "cada um se apropria daquilo que está mais próximo de si".

Da mesma maneira, vejamos como você reagiria diante do valor da *confiança*. Ninguém se sente bem em um relacionamento onde não há reciprocidade. Não dá para confiar em alguém que demonstra falta de coerência nas suas atitudes, e que suas "falas" não condizem com suas ações.

Quando tomei a decisão de transformar a minha vida, me deparei com a minha primeira lista. Notei que precisava de certos ajustes baseados naquilo que estava vivenciando. Dessa forma, fiz uma reavaliação, e ficou assim:

Antes	Depois
1) Honestidade/Comprometimento	1) Amor/Compaixão (7)
2) Controle/Poder	2) Liberdade/Autonomia (8)
3) Realização/Sucesso	3) Autoconhecimento – novo
4) Segurança	4) Saúde (6)
5) Intimidade/Confiança	5) Intimidade/Confiança (5)
6) Saúde	6) Realização/Sucesso (3)
7) Amor/Compaixão	7) Contribuir/Servir – novo
8) Liberdade/Autonomia	8) Honestidade/Comprometimento (1)
9) Aventura/Diversão	9) Aventura/Diversão (9)
10) Tranquilidade	10) Segurança (4)

Você pode estar se perguntando: a *honestidade* e o *comprometimento* deixaram de ser suas prioridades? Não, eu ainda prezo por esses valores. Eles apenas mudaram de posição. E nem por isso os pratico menos. A questão é muito simples; a segunda escala de valores reflete minha vida atual. Eles servirão de degraus rumo à minha realização pessoal e profissional.

No meu primeiro livro *Os opostos se distraem* falo dessa minha fase de transição. Saí de casa com 18 anos para estudar e trabalhar. Tive que aprender a ser forte, a me virar sozinha. Minha família não estava por perto. Pensava comigo que não podia me deixar abalar por qualquer obstáculo. Um lado positivo dessa minha personalidade é que dificilmente alguém consegue me colocar pra baixo. Tornei-me uma pessoa muito autoconfiante. Mas, por outro lado, o excesso de autoconfiança alimentou o meu ego. Inevitavelmente, fui me tornando uma pessoa pouco sensível às situações e às pessoas ao meu redor.

Lembra-se da realista? Não que eu fosse uma pessoa insensível, apenas não era uma pessoa de demonstrar muito amor e compaixão pelo próximo. Era um tanto quanto prática, digamos assim. Eu precisava (e ainda preciso!) exercitar tais valores para alcançar os meus objetivos de vida. No final, certos valores refletem outros igualmente importantes. O *amor* também está muito ligado à *espiritualidade*. E a pessoa que ama o próximo, a natureza e os animais, bem como exerce sua espiritualidade – sem julgamentos –, pratica automaticamente a *honestidade, o comprometimento, a ética*, e todos os outros valores ligados ao caráter e os princípios morais de uma sociedade.

Foi então que me aproximei mais desse lado "amoroso" e comecei a trilhar o caminho de volta à minha essência. Descobri que o *amor* e a *compaixão* não são sinônimos de fraqueza. Pelo contrário, são sinais de força interior, de sabedoria.

A *saúde* também subiu de posição na minha lista de valores. Ela tem sido um dos pilares para uma vida harmoniosa. Sabemos que um corpo saudável nos leva mais longe. Mas só saber não adianta, não é? Quem fuma sabe que o cigarro mata, mas continua fumando. Devemos nos alimentar de maneira saudável, mas sobrecarregamos o corpo com alimentos não saudáveis, ou excedemos na quantidade. Precisamos movimentar o corpo, mas preferimos a televisão e os noticiários falando de crise, acidentes, e de outras mazelas da sociedade.

Quando descobri a alimentação ayurvédica, me apaixonei. Os temperos, a comida orgânica e saudável. Comecei a ter consciência de que precisava cuidar do corpo. Confesso que não sigo à risca, mas procuro me alimentar de maneira saudável. No quesito saúde, pratico o yoga, a terapia holística, e outros cuidados que me mantêm saudável. O meu marido também foi influenciado e aderiu a essa rotina. Posso lhe garantir, faço meu "check-up" anual e estou cada vez melhor.

Autoconhecimento, esse foi outro valor que acrescentei na minha lista. Tenho comigo que sem esse valor não poderia trilhar meu novo caminho. Ele é fundamental para o crescimento pessoal e intelectual de um indivíduo. Principalmente para aqueles que buscam ou vivem o seu propósito de vida.

No momento que percebi que a escrita era o meu *propósito*, foi inevitável buscar ajuda. Eu não sabia muito sobre o assunto. Tive que sair em busca de informação por meio da leitura, de cursos, parcerias. Fui me conhecendo e me inspirando através dos exemplos.

Agora que eu já dividi com você os meus valores, faço um convite para você listar os seus. Que tal fazer uma primeira lista? Analise bem e veja se ela reflete sua vida atual. Você pode usar os campos abaixo. Liste quantos valores quiser. Acredito que eleger os 10 primeiros já é suficiente para você começar a se conhecer melhor, mesmo que tenha outros. Como já falei, tenho mais valores, porém os 10 primeiros são os que me motivam para alcançar os meus sonhos.

1) _____

2) _____

3) _____

4) _____

5) _____

6) _____

7) _____

8) _____

9) _____

10) _____

Listar os meus valores atuais foi um passo importante para o meu autoconhecimento. Além disso, comecei a dar mais valor a tudo aquilo que fazia mais sentido na minha vida, e a preencher as lacunas do vazio que eu estava sentindo.

Por exemplo, se você quer ter uma vida mais saudável, mas não consegue, faça a sua lista de prioridades e ponha a *saúde* em primeiro lugar. Procure colocá-la à vista. Você pode escrever num quadro branco, colá-la na porta do armário de roupas, na geladeira, num local que você possa visualizar todos os dias. De preferência, quando você acordar e na hora de dormir. Se a *saúde* estiver entre os primeiros, o seu cérebro começará a cobrar de você uma alimentação mais saudável. Além do mais, se a sua lista estiver à vista das pessoas que convivem com você, elas começarão a cobrá-lo. Isso é positivo. Elas o ajudarão a seguir firme com os compromissos que firmou consigo.

Ter ciência dos seus valores é um fator importante para encontrar o seu *propósito*. Mas você saberia me dizer qual o significado de *propósito de vida*?

É exatamente disso que vamos falar no próximo capítulo.

2
MAS O QUE SERIA EXATAMENTE ESSE TAL PROPÓSITO?

O sentido da vida é encontrar o seu dom.
O propósito da vida é compartilhá-lo.
Pablo Picasso

Uma vida sem propósito, uma vida vazia

Você já parou para pensar, alguma vez, sobre qual é o seu *propósito de vida*? Ou vive escutando as pessoas falarem a respeito, mas não tem a menor ideia do que isso significa?

Talvez, lendo o primeiro capítulo você começou a refletir mais sobre o assunto.

Não se preocupe. Eu também não tinha a menor ideia do que se tratava.

Eu vivia no módulo automático. Acordava mal-humorada e a caminho do trabalho tentava lidar com esse mau humor. Não queria chegar e desmotivar a minha equipe. Era o tipo de pessoa que esperava ansiosa pelo final de semana. As tardes de domingo eram acompanhadas da "Síndrome do Fantástico". *Amanhã vai começar tudo de novo*, eu pensava, melancolicamente.

Foi quando me deparei com um turbilhão de emoções me dizendo: *Você precisa mudar... agora!* Era o meu "Eu Superior" chamando minha atenção para o meu *propósito*.

O filósofo e professor Mario Sergio Cortella[9] acredita que *"Uma vida com propósito é aquela em que eu entenda as razões pelas quais eu faço o que faço e pelas quais claramente deixo de fazer o que não faço"*. Era exatamente assim que me sentia. Não queria mais fazer o que fazia.

Após decidir largar o emprego, mudar os meus hábitos e cuidar de mim mesma, vieram os questionamentos. *O que eu gostaria de fazer?* De uma coisa eu tinha absoluta certeza; não era o que eu estava fazendo no momento. Percebi que a minha insatisfação era profissional. E ela estava refletindo no meu casamento, na convivência familiar e na minha saúde. Comecei a notar que não adiantava ser bem-sucedida profissionalmente, ter uma "boa" conta bancária, se durante esse percurso outros aspectos da minha vida estavam sendo deixados de lado.

Nesse período de questionamentos e busca por respostas me deparei com a palavra "propósito". Até então, sem ter a mínima noção do seu verdadeiro significado. Muito interessada, decidi pesquisar mais sobre o assunto. No Google, aparece o seguinte:

Propósito

1) Intenção (de fazer algo); projeto, desígnio.

2) Aquilo que se busca alcançar; objetivo, finalidade, intuito.

O meu maior desejo era ser como as pessoas que declaravam seu amor por aquilo que faziam. Confesso que cheguei até a duvidar dessas declarações. Não poderia ser diferente, ao meu redor havia pessoas como eu – insatisfeitas com a própria vida.

No meu primeiro livro, *Os opostos se distraem*, divido com os leitores as técnicas de bem-estar e os novos hábitos que me levaram a descobrir o meu propósito. Porém, neste livro vou me aprofundar um pouco mais sobre o tema e compartilhar com você quais foram exatamente as ferramentas de autoconhecimento que utilizei para chegar até ele. Talvez, o meu relato – enriquecido com outros conhecimentos e experiências suas – possa lhe inspirar a encontrar o seu *propósito* particular.

Todos, sem exceção, têm um *propósito*. A única diferença é que algumas pessoas já despertaram para ele, enquanto outras estão "dispostas" a despertar. Mas existe também aquelas (a grande maioria) que ainda não estão preparadas ou preferem permanecer "dormindo". Para estas últimas, devemos entender que existe um processo divino em andamento. Às vezes, convivemos com pessoas que estão passando por um momento difícil e esperam que possamos ajudá-las a mudar. No entanto, preste atenção, compreenda que cada um tem a sua missão pessoal. A decisão não deve ser sua; deve ser dela. Por isso, se você tentou ajudar, mas a pessoa ainda não está preparada para despertar, respeite o momento dela. Siga o seu.

O *propósito de vida* também é conhecido como *dharma* pela sabedoria oriental. Em sânscrito *dharma* significa *a missão da vida,* ou o que cada pessoa veio fazer neste mundo.

Para encontrar nosso *propósito* é necessário entender e buscar três ensinamentos fundamentais da *Lei do Dharma*[10]:

1) A sua missão nesta vida.

2) Descobrir seu Talento único, singular.

3) Ajudar as pessoas com este Talento.

Então, vamos por partes...

1º ensinamento: você já parou para pensar qual é a sua missão de vida?

O *propósito* se manifesta de maneira muito individual. Segundo o mestre espiritual Srim Prem Baba, quando sabemos qual é o nosso propósito despertamos para a finalidade da nossa missão de vida. E saber o que viemos fazer aqui está ligado a ir de encontro com a nossa essência, à consciência do nosso "Eu Superior". A missão da nossa vida é a nossa razão de ser, o sentido mais pleno da nossa existência.

Desde que crescemos, vamos sendo conduzidos. Falta-nos a liberdade de ser quem realmente somos. Poucos são aqueles que conseguem sair dessa fila de condicionamento e seguir firme. Mas, a partir do momento que você se solta da necessidade de agradar o outro e começa a se agradar, você sente a liberdade de ser e fazer aquilo que sempre sonhou – libertando-se das críticas alheias. É quando você se depara com o seu verdadeiro *propósito*.

Quando você encontra o seu *propósito*, sua *missão de vida* vai se revelando. Ela vai se clareando aos poucos. Pode levar um certo tempo. Será preciso muito autoconhecimento e estudo para se chegar ao estado pleno de felicidade por meio da sua missão. Procure não a encarar como um fardo a ser carregado. Sua *missão de vida* não pode lhe trazer sofrimento. Ela deve ser uma forma de libertação, de autoconfiança, de liberdade e realização.

Particularmente, sei que o meu *propósito de vida* é escrever. É através do autoconhecimento e da escrita que vou elevar minha consciência e evoluir espiritualmente. Minha missão é, por meio dessa evolução, compartilhar meus conhecimentos. Nesse momento, é incentivar você a encontrar o seu próprio *propósito*.

Agora, procure ter em mente o seguinte: *a sua missão nunca é caminhar sozinho*. Inevitavelmente, você vai ter que aprender a ajudar as pessoas ao seu redor. Só assim você encontrará a verdadeira realização pessoal. Você deve estar se questionando: *Não consigo ajudar nem a mim mesmo, imagina os outros?* Calma, não se desespere. Quando se deparar com a sua missão e o seu talento, você vai sentir uma necessidade involuntária de passar adiante. Direta ou indiretamente, sem perceber, estará influenciando outras pessoas.

Esteja certo de que não vai descobrir seu propósito, nem sua missão, muito menos se livrar dessa insatisfação, se não estiver disposto a se conhecer. Assunto que falaremos no próximo capítulo, e será repetido muitas vezes neste livro.

A partir deste ponto, gostaria que você começasse a refletir, se questionar sobre tudo aquilo que lhe traz alegria e prazer. E, principalmente, refletir sobre aquilo que você não gosta de fazer. Vá pensando nas suas habilidades. Aquele talento adormecido, deixado pra trás porque escolheu outras prioridades na sua vida. Não tenha pressa. Vá com calma. Talvez, as respostas não virão da noite para o dia. É preciso paciência. No entanto, quando acontecer, você sentirá as mudanças internas. Começará se desapegando de certas coisas. Vai querer ficar longe daqueles que não estão na mesma vibração. Mas até lá, vai aprender a exercer a tolerância. Porque nesse despertar de propósito, o amor lhe ensina a tolerar aquele que ainda está "dormindo". (Pelo menos, quase sempre.)

Você sentirá que, antes, tinha "obrigações" com as pessoas e as "coisas", e que isso sufocava a sua essência. Aos poucos, você irá se desvencilhando dessas obrigações. Questionamentos surgirão. Serão muitos. É um bom sinal. Deixe as perguntas virem. Eu entendo você. Já passei por isso. Sei como é viver uma vida de muitas perguntas e poucas respostas. Serão elas (as perguntas) que lhe ajudarão a descobrir o seu talento.

2º ensinamento: todos nós temos um talento único

Sim, isso é uma afirmação.

Descobrir seu propósito e sua missão está diretamente atrelado a encontrar o seu *talento*. "Mas, eu não sei qual é o meu talento!" ou "Eu não tenho talento pra nada!" Aí que você se engana. Todos temos um talento único, singular. Ele só está "escondido" dentro do seu inconsciente. Eu também não tinha a menor ideia de qual era o meu talento. Felizmente, eu o encontrei. Um talento adormecido pelo tempo; desde a minha infância. Fui buscar bem lá no fundo das minhas memórias. Revivi boas e más lembranças. Era preciso, para despertar minhas habilidades. Habilidades que foram sendo ignoradas com o passar dos anos devido as responsabilidades adquiridas.

Na infância tudo é possível. Todos nós registramos e carregamos os sonhos de criança. Nessa época, a nossa essência ainda brilha. Porém, as influências externas começam a nos pressionar e a dizer que você tem que ser responsável, que tal sonho é difícil de ser concretizado. *"Aos poucos cedemos às pressões extremas até que desistimos dos nossos sonhos e passamos a sonhar o sonho dos outros"*, diz Sri Prem Baba. E, a partir daí, deixamo-nos levar pelas circunstâncias, nos vitimizamos e achamos que tudo que nos acontece não é por nossa culpa. A culpa é dos outros.

O talento tem a ver com algo que você sente muito prazer em fazer. Uma paixão. Mas o tempo passa e você deixa essa paixão de lado por falta de tempo, por desânimo. E quando a traz de volta, geralmente ela é praticada como um *hobbie*. O talento é deixado de "escanteio".

Adorava ler, escrever, mas fui crescendo e dando importância para outras coisas. Ter sucesso profissional e ganhar dinheiro eram objetivos principais. Um pensamento coletivo, incentivado pela família e por parte das pessoas ao meu redor. Como mencionei anteriormente, vivia em um processo de alienação.

Quando você se entrega para o seu talento, não há cobrança, não existe concorrência nem competição. Sua consciência muda. Você sabe que não precisa competir porque todos temos um talento único que pode se unir ao do outro. O mercado é vasto, tem espaço para todo mundo. Você só quer vivê-lo, sem pensar em acumular bens materiais.

Vejo que parte dos jovens de hoje tem outra mentalidade. Sinto que éramos mais ligados ao materialismo e às aparências. Felizmente percebo que esse pensamento está mudando. Claro que há muitos ainda ligados ao *status* da carreira e aos ganhos materiais.

Quando você vive o seu *propósito* sabe que não precisa correr atrás de dinheiro, pois ele correrá atrás de você.

O primeiro e mais importante passo para descobrir o seu talento é se conhecer melhor.

Uma coisa é certa; você não vai identificar suas habilidades prestando atenção nas habilidades dos outros. Do tipo, fulano faz tal coisa e parece ser bem legal. Se realmente se interessar por alguma atividade alheia, deve procurar essa vontade dentro de si. Não deve buscar o seu talento olhando o *status* que ele pode lhe dar. Saiba que aquilo que traz felicidade para o seu amigo, pode não trazer para você. Portanto, procure suas próprias respostas. Olhe-se no espelho; é a melhor forma de descobrir quem você é de fato. Só você poderá dizer o que é capaz ou não de fazer. Ninguém mais. Poderá até ter um mentor, ou amigo, ajudando-lhe nessa busca, mas ele não poderá decidir por você.

Para aqueles que já têm uma certa vivência, afirmo que a experiência será sua aliada. Será mais fácil. Você já passou por tanta coisa... saberá identificar o que NÃO quer mais para a sua vida. Esse é um passo importante, ter a certeza do que NÃO quer mais para si.

Agora, se é mais novo e está começando a trilhar o seu caminho profissional, não fique no "achômetro". "Acho que fazer isso é legal!" "Meu amigo trabalha com tal coisa e está gostando". Primeiro, não "ache legal". Pesquise, procure mais a respeito. Todas as profissões têm suas recompensas e desafios. Mas antes de entrar de cabeça em uma, é sempre bom pesquisar e estabelecer uma conexão com seus valores, com aquilo que tenha sentido para você, ou o remeta a um sonho de infância – seu talento.

O escritor e mensageiro espiritual Carlos Torres sugeriu um exercício bem interessante em um dos seus artigos intitulado "Diálogo com um jovem de 17 anos"[11]. Nesse artigo, ele dialoga com um jovem com dúvidas sobre qual profissão seguir. Ele está sofrendo pressão dos pais, que gostariam que o filho seguisse uma "carreira promissora", que garantisse seu futuro. A questão é que nenhuma garante. O profissional é quem assegura os ganhos.

O exercício é o seguinte.

Pare um minuto e pense em um mundo onde não há necessidade de dinheiro. Há o bastante para todo mundo. E não banque o espertinho dizendo que se tivesse dinheiro suficiente para todos, você viveria de renda. Não funciona assim. Neste mundo, você precisa colocar seu talento em prática. Você tem uma missão, e vai precisar executá-la. É um mundo de compartilhamento – você serve o seu talento para uma pessoa, que serve e compartilha com outra, e assim sucessivamente. E através desse compartilhamento os ganhos vão sendo distribuídos. Agora, imagine o que você desejaria fazer neste mundo, sem se preocupar com a escassez e a dificuldade financeira. Conseguiu visualizar?

Faça esse exercício quantas vezes for necessário. Quem sabe você tenha um *insight* do seu *talento*.

A energia que se cria quando descobrimos o nosso *talento* consegue preencher o vazio que nos persegue. Esse talento é capaz de criar riqueza, não apenas material, mas também espiritual. O importante é decidir que deseja seguir o seu propósito. De resto, o universo vai providenciar para você. Até mesmo o dinheiro.

Agora, me responda: *você estaria disposto a colocar esse talento a serviço do próximo?*

3º ensinamento: é dando que se recebe

Você acredita em Deus? O que Ele fez por você?, essas perguntas foram feitas por um menino de rua à Tine, na Praça da Sé, São Paulo capital. A Praça da Sé é conhecida por abrigar crianças de rua, mendigos e viciados.

Tine viajou o mundo e nunca imaginou que largaria tudo no seu país de origem – a Noruega – para dar início a um projeto que ajudaria crianças e adolescentes carentes na cidade de Taubaté, interior de São Paulo. Com apenas 16 anos, começou a viajar sozinha. Queria conhecer outras culturas. Viajar desde a adolescência é comum entre os jovens de nações desenvolvidas como a dela. Aos 22, depois de já ter percorrido vários países, aceitou o convite de um colega de faculdade para acompanhá-lo em uma viagem para o Brasil. Porém, não se engane em pensar que o motivo da viagem seria conhecer as belezas naturais do Brasil. Não, o objetivo era entrevistar crianças abandonadas nas ruas de São Paulo.

Mesmo já tendo viajado para locais com diferenças sociais, estar junto daquelas crianças – sujas, com fome, abandonadas, cheirando cola –, a tocou profundamente. Era um contraste da realidade das crianças e adolescentes da Noruega – considerada, em 2017, como o país de pessoas mais felizes do mundo pelo Relatório Anual da Felicidade das Nações Unidas. A Noruega rebaixou a Dinamarca para 2ª posição, no topo por muitos anos.

Nascida em Bergen, Tine H.-E. Andreassen Lopes chegou ao Brasil em 2001. Filha mais velha de quatro irmãos, conta que, apesar de haver algumas restrições em sua casa (comer fruta era uma delas devido à dificuldade de cultivo no país), tinham uma vida muito boa. *"Nunca nos faltou nada"*, afirma ela. Principalmente com relação a educação e segurança.

A vida de Tine mudou quando aquele menino de rua, desconhecido, anestesiado pela cola, perguntou se ela acreditava em Deus e o que Ele tinha feito por ela. A única coisa que lhe veio à mente foi que Deus tinha lhe dado aquela viagem.

Depois desse episódio, as perguntas do menino não saíam da sua cabeça. Foi então que decidiu: *"Tenho que fazer alguma coisa"*. Voltou para a Noruega certa de sua missão de vida: *ajudar crianças e adolescentes pobres no Brasil*.

Seria uma *doadora* em tempo integral.

Terminou a faculdade de Economia e Administração e trabalhou por mais 4 meses no seu país de origem. Precisava juntar dinheiro para se manter no Brasil. Retornou às "terras tupiniquins" com as economias e sua primeira experiência foi como voluntária em um orfanato em Mogi das Cruzes, interior de São Paulo. Lá, viveu internada junto com as crianças e os jovens órfãos. Disse ter visto muita coisa errada entre os internos. Não havia regras nem controle. O descaso dos responsáveis pela instituição era desmotivador. Tendo vivenciado de perto tudo aquilo, pensou que deveria fazer algo diferente. Queria fazer muito mais. Seu desejo era ajudar não somente as crianças, mas também suas famílias.

A partir do momento que você vive o seu propósito, as coisas vão acontecendo. É a lei da atração. Em uma viajem de final de semana com um amigo para a cidade de Taubaté, se deparou com uma comunidade carente que necessitava de ajuda. Dali, nasceria o projeto *Hapet*[12].

Ela conta que as coisas foram acontecendo, sem planejamento, apenas com muita vontade de ajudar o próximo. Foi então que, em fevereiro de 2003, com a ajuda do amigo, encontrou um local que poderia abrigar o seu sonho – uma chácara, nesse mesmo bairro carente. Segundo ela, quando foi visitá-la, árvores com flores brancas lhe chamaram a atenção. De repente, o vento começou a soprar e as flores começaram a cair feito neve. Naquele mesmo instante, ela se lembrou dos dias de inverno na Noruega e imaginou as crianças correndo e brincando. Estava escolhido o local.

O único empecilho era que suas economias não eram suficientes para comprar a chácara e bancar o projeto.

Mais uma vez, ela teve que voltar para a Noruega. Era preciso conseguir apoio financeiro. Bem, o universo estava do seu lado. Uma tia concordou em apoiá-la emprestando o dinheiro necessário para a compra da chácara. Tine decidiu permanecer no país por mais 8 meses trabalhando em uma plataforma de petróleo e em um asilo. Os ganhos custeariam as demais despesas. Todo o dinheiro seria usado para colocar seu talento a serviço do próximo. Em paralelo, atuou firme na divulgação de suas ideias a possíveis colaboradores na Noruega.

Passados os 8 meses, voltou novamente para o Brasil com o montante para a compra da chácara e contratar pessoas que poderiam ajudá-la. E, graças aos seus esforços, teve a felicidade de contar com o apoio financeiro de parceiros noruegueses, que acreditaram no seu sonho.

Em novembro de 2003 nasce o *Projeto Hapet* – Esperança em norueguês (Hapet – lê-se Rópa). A Hapet começou ajudando 8 crianças. Após 15 anos, já atende mais de 100 crianças e adolescentes e suas famílias. Para a Tine, a base familiar é muito importante. Conscientizar as famílias a educarem suas crianças é uma das prioridades do projeto.

Atualmente, a *Hapet* é uma instituição totalmente legalizada que conta com apoio financeiro do Estado de São Paulo e do município de Taubaté, além de pequenas contribuições mensais de pessoas sensibilizadas com a causa alheia. Mesmo assim, os parceiros noruegueses são os maiores doadores do projeto – 60% das contribuições.

"A minha maior alegria é ver a alegria do outro. Quando eu vejo alguém conquistando alguma coisa, me realizo. A minha missão é ajudar o outro a ser feliz", ela me confidenciou.

Tine é um dos poucos exemplos de servir ao próximo com amor e dedicação que já conheci na vida. Claro que já tive contato com outros voluntários dedicados a uma causa, mas nenhum com a mesma paixão dessa norueguesa "abrasileirada". E não pense que vai se deparar com uma pessoa meiga, de fala mansa... Não. Com seus cabelos pintados de vermelho, ela transmite confiança, firmeza no olhar e nas palavras. Ela acredita no projeto, e quando fala sobre ele, vibra com o coração. Dá pra sentir sua energia. Uma pessoa que acredita ter feito pouco nesses últimos 15 anos, e por isso tem planos maiores para os próximos.

Poucas pessoas abdicam de suas vidas em prol daquele que você nem mesmo conhece. Sabemos que é muito mais fácil fazer algo para aquele que você já conhece; seja ele um amigo, um conhecido que já tenha lhe ajudado, ou uma pessoa da família. É como se tivéssemos uma cobrança moral, ou uma dívida de consciência. Sua mente diz: "Eu tenho que fazer por ela porque é da minha família", "Ela me ajudou daquela vez que eu precisei, tenho o dever de retribuir", "Só contribuo com quem faz parte da minha rede de relacionamento", ou ainda "O que vou ganhar com isso?" Agora me diga, quem nunca pensou dessa forma, consciente ou inconscientemente?

Adam Grant, em seu livro *Dar e receber*[13], abordou o tema por meio de uma pesquisa. Nesta, o autor afirma que as pessoas de sucesso (e não apenas financeiramente) são aquelas que se dedicaram a servir o próximo sem esperar nada em troca.

Segundo Grant, nesse universo do "servir" somos classificados em três categorias: *tomadores (takers)*, *compensadores (matchers)* e *doadores (givers)*.

Há um teste muito interessante desenvolvido pelo autor em seu site http://www.adamgrant.net/selfgivertaker Através do teste você poderá saber qual a sua porcentagem dentre as categorias citadas acima. Eu fiz, e também pedi para Tine fazê-lo. Mais à frente, você poderá ver os resultados. Mas antes, vamos conhecer, resumidamente, essas três características.

Os *tomadores (takers)* adoram *tomar*, como o nome já insinua. São pessoas que gostam muito mais de receber do que de doar. Eles se encaixam na frase "O que eu vou ganhar com isso?" Vivem num mundo competitivo, onde o importante é vencer, acima de tudo. Adoram se autopromover. São capazes de dar o máximo de si para serem reconhecidos por seus esforços.

Já os *compensadores (matchers)* são os mais comuns entre nós, principalmente no trabalho. Eles têm como base o princípio da reciprocidade – o famoso "toma lá dá cá". Geralmente, suas relações são permeadas na troca de favores. No fundo, todos temos uma certa expectativa com relação ao outro. Pessoalmente, posso dizer que não tenho muitas expectativas ligadas às outras pessoas, e gosto de deixar bem claro que não as tenho comigo. Mas confesso que ainda trabalho esse sentimento com o meu marido. Como mulher, por vezes, romantizo uma reação dele, e se ele não age conforme o esperado, me sinto frustrada. Talvez você sinta o mesmo com relação a alguém próximo. Para aliviar esse sentimento, o meu marido e eu começamos a deixar as coisas bem claras. E, quando há algum desentendimento, sentamos para conversar e eliminar todas as expectativas indesejáveis.

Os *doadores* (*givers*) têm como pergunta-chave: *Como posso ajudar?*, independente se a pessoa faz parte da sua comunidade, família ou sua rede de relacionamento. *Doadores* preferem doar mais do que receber. E aqui não me refiro a dinheiro, pois o *tomador* pode doar mais em valores, mas pouco em atitudes e iniciativas voltadas para os outros. Essa é a principal diferença entre *tomadores* e *doadores*.

As pesquisas feitas por Grant apontam que os *doadores* estão no topo da escala de sucesso porque valorizam os interesses alheios, escutam mais do que falam, não se preocupam em admitir suas fraquezas e estão mais propensos a pedir orientação do que impor suas opiniões. O *tomador* e o *compensador* também alcançam o sucesso, mas no caso do *doador* o sucesso se manifesta gerando um efeito positivo em cascata. As pessoas torcem pelas suas conquistas. Diferente do *tomador*; para ele ganhar alguém tem de perder. Na sua jornada, ele se depara com muita inveja, e as pessoas ao seu redor tendem a querer derrubá-lo.

Resumindo, as pessoas com mais características de *doador* formam uma rede de relacionamento positiva, que o ajudará a alcançar seus objetivos. Afinal, ninguém chega ao topo sozinho.

Tine estava ciente disso quando criou a Hapet. Ela sabia que não conseguiria sozinha, e, portanto, recrutou pessoas para ajudá-la. Hoje, conta com uma equipe totalmente dedicada, capaz de tocar o projeto sem a sua presença.

Da mesma forma que temos o *pensamento fixo* e de *crescimento*, os três perfis fazem parte da nossa personalidade. Algumas pessoas serão mais *doadoras*, outras mais *tomadoras*, e ainda outras sempre agirão de maneira mais *compensadoras*.

A seguir, os resultados do teste feito por mim e pela Tine.

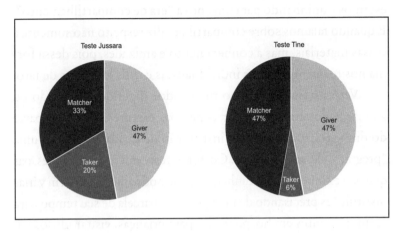

Quando vi o resultado do meu teste fiquei feliz que o perfil de doador (giver 47%) tenha se sobressaído do compensador (matcher 33%), e muito mais com relação ao tomador (taker 20%). O resultado refletiu o momento que estou vivendo; buscando servir mais ao próximo – através do meu trabalho como escritora e ajuda voluntária.

Embora eu perceba na Tine um perfil muito mais de *doadora*, ela também é uma *compensadora*. Isso reflete em seu teste: 47% doadora e 47% compensadora. Para Grant, Tine pode ser chamada de *doadora alterista*. Em suas pesquisas, ele identificou dois tipos de doadores: o *altruísta* e o *alterista*. O *altruísta* é voltado totalmente para o interesse alheio, deixando de lado os seus próprios. Uma forma não muito saudável de se doar, diga-se de passagem. Enquanto que o *alterista* olha pelos outros, sem se esquecer de si mesmo. Além disso, ele sabe que deve haver uma corrente saudável de reciprocidade. Sem essa reciprocidade, certamente o projeto desenvolvido por Tine não teria prosperado.

Segundo o autor e mensageiro espiritual Carlos Torres[14], estamos caminhando para uma nova "era de compartilhamento". E quando falamos sobre compartilhar, diz respeito não somente a coisas materiais, mas a conhecimento e amizades, pois dessa forma nos tornamos menos individualistas e mais humanos de fato.

Vejo várias pessoas ao meu redor dizendo: "Quando eu ganhar na loteria vou ajudar as pessoas carentes. Vou doar parte do dinheiro para abrir uma instituição de caridade". Tenho uma "preguiça" dessa declaração. Costumo responder para essas pessoas que não é somente com dinheiro que se pode ajudar. Existem várias instituições precisando de uma pequena parcela de seu tempo para escutar doentes em hospitais, ler para crianças, visitar idosos em asilos e conversar com eles, separar doações, ajudar em feiras de adoção de animais, e muito mais. Você pode ajudar sem desembolsar um único tostão. Se puder ajudar financeiramente, ótimo. Se realmente quer ajudar, não me venha com esse papo de ganhar na loteria. Procure uma instituição mais próxima e comece já!

A partir de 2018, tinha como objetivo me dedicar a servir o próximo. Para me aproximar cada vez mais do topo da minha escala de valor – o "amor" e a "compaixão". Talvez, eu tenha assimilado os dizeres do filósofo Khalil Gibran: *Tu pouco dás quando dás de tuas posses. É quando dás de ti próprio que realmente estás dando. É belo dar quando solicitado; é mais belo ainda dar quando não solicitado; dar por haver apenas compreendido*". Compreendi que precisava ajudar também aqueles que não faziam parte da minha rede de relacionamento. Ainda estou disposta a ajudar amigos e familiares, quando solicitarem. A diferença é que fazer algo para quem você não conhece acende o verdadeiro espírito de solidariedade.

É importante estar ciente que o *propósito de vida* não está somente atrelado à vida profissional. Para algumas pessoas, como a Tine, está ligado a um objetivo maior. Podemos citar como exemplo mães que optaram em deixar o trabalho para se dedicar à família e aos filhos. Ser mãe é um trabalho que exige dedicação. É um *propósito* lindo.

Você está no início deste livro e deve ainda estar cheio de perguntas. As respostas não serão encontradas todas aqui. Algumas surgirão no decorrer do seu caminho de busca. Não se pressione. Deixe acontecer. *Siga buscando seu talento*. No momento certo, as coisas ficarão mais claras e você encontrará sua missão atrelado ao seu propósito. Por consequência, vai sentir necessidade de dividir seu talento com outras pessoas; seja através de livros, voluntariado ou dentro da empresa que trabalha compartilhando seus conhecimentos. Confie e acredite.

3
EM BUSCA DO PROPÓSITO

O importante é não parar de questionar. A curiosidade tem sua própria razão para existir. Uma pessoa não pode deixar de se sentir reverente ao contemplar os mistérios da eternidade, da vida, da maravilhosa estrutura apenas compreendendo um pouco mais desse mistério a cada dia. Nunca perca uma sagrada curiosidade.
Albert Einsten

A fase da reflexão

A fase de reflexão é o período de introspecção. Você começa a questionar tudo; seu casamento, sua carreira, sua saúde, se está sendo bom filho, bom marido ou boa esposa, boa mãe ou bom pai, se está dando atenção para os seus amigos, para a família, e o mais importante, se está dando a devida atenção a você mesmo.

No ano de 2015 eu estava totalmente insatisfeita. E essa insatisfação estava refletindo em todos os âmbitos da minha vida, principalmente no casamento. Foi uma fase bem complicada. Comecei a me isolar de tudo e todos. Fui me tornando uma pessoa mais crítica e julgadora. De início, achava que o problema não estava em mim, mas nas pessoas ao meu redor. Afinal, eram elas que me tiravam do sério – pensava eu, na minha "santa ignorância".

Porém, quando entrei na fase da reflexão, percebi que não eram os outros os responsáveis pelo meu estado, e sim eu mesma.

A partir de então, passei a me questionar.

1) Estou feliz?

Essa pergunta havia virado um mantra. Era uma forma desafiadora de me despertar para a realidade. Eu já sabia a resposta: "Não, eu não estou feliz", mas ainda não queria aceitar.

E mesmo afirmando, de forma consciente, que não estava, seguia me boicotando. *Ah!, mas no meu trabalho damos muitas risadas. Quando saio com o meu marido e amigos tomo a minha "bebidinha" e fico feliz de novo.* Só que "ficar feliz" é bem diferente de "ser feliz". Você deve se lembrar de pessoas "aparentemente felizes" que nos surpreendem se divorciando, largando seus empregos, ou até mesmo tirando suas próprias vidas. A *aparência* é a máscara que usamos como forma de esconder dos outros a nossa infelicidade. Há estudos que comprovam que não adianta se sentir satisfeito em um único aspecto da sua vida. Em algum momento, os demais, que não estão indo muito bem, afetarão seu trabalho, seu relacionamento e a sua saúde. Era exatamente o que estava acontecendo comigo. Meu casamento estava "descendo pelo ralo", literalmente.

No fundo, cada um de nós tem a felicidade dentro de si. E é bom saber disso, porque quando você quer muito algo que ainda não tem, os outros tentarão exercer o poder sobre você. Portanto, convido você a fazer a pergunta de outra forma: *O que estou fazendo que não sinto a felicidade dentro de mim?* Quando você a fizer, estará despertando. Isso é empoderador! Você sente que pode fazer algo a respeito.

No meu caso, era preciso identificar qual área da minha vida estava me impedindo de ser feliz. Até então eu não tinha certeza qual era. Esse seria um diagnóstico importante nessa fase de reflexão.

A primeira coisa que fiz foi avaliar o relacionamento. Eu achava que era esse o grande motivo da minha insatisfação. Afinal, a culpa era do outro. Então, resolvi escrever em um papel as qualidades e os defeitos do meu marido, bem como os pontos positivos e negativos da nossa relação. Esse exercício me ajudou a refletir que a minha relação possuía muito mais pontos fortes do que fracos. E apesar de todas as nossas divergências, nossos valores são muito parecidos. Não poderia me esquecer que ele esteve presente comigo, me apoiando, em todos os momentos da minha vida. Somos muito comprometidos um com o outro e sempre fizemos planos juntos. Ele é um companheiro excepcional e estava sofrendo comigo nesse momento de indecisão.

Em seguida, pensei sobre a minha profissão. Passei a perceber que nunca estava satisfeita com os empregos. Para ser bem sincera, eu vivia um relacionamento amoroso com o trabalho e a empresa por um período de no máximo 3 anos. Acredito que nem era amor, era empolgação. Sabe aquela paixão avassaladora? Depois que o fogo e a empolgação acabavam... lá estava eu trocando de emprego, mais uma vez. Sempre dei o melhor de mim na minha função na área financeira, mas sempre parecia que faltava algo. Era como se eu vivesse uma busca desenfreada por algo que eu nunca parei para pensar o que era.

Sou a filha mais nova de três irmãos. Nunca nos faltou nada. Entretanto, não tivemos a oportunidade de pensar sobre nosso destino profissional. Meus pais são pessoas de pouca escolaridade. Eles não sabiam como nos instruir nesse sentido. O apoio que nos davam era baseado naquilo que eles herdaram de seus pais.

Para eles, era preciso trabalhar para sustentar os estudos. Como a maioria dos adolescentes de classe média baixa, frequentei escolas públicas e tive que batalhar muito para ter a minha base acadêmica.

Cresci apoiada nas crenças limitantes da sociedade e do meio em que vivia – escolher o que dava dinheiro era o mais importante. Arrisquei fazer faculdade de publicidade e propaganda, um curso que não culminava na lista dos melhores salários fora de uma grande metrópole. Fiz apenas o primeiro ano, devido às dificuldades financeiras e a minha falta de persistência. Por fim, a pressão do pensamento coletivo *Será que essa profissão dá dinheiro?* me venceu. Tranquei a matrícula e fui apenas trabalhar. Precisava me manter fora de casa. Podia contar apenas com uma pequena ajuda financeira da minha família. Nessa época, com 20 anos, morava em Taubaté, São Paulo.

A minha ânsia por conhecimento me fez, um ano mais tarde, voltar à faculdade. Escolhi um curso que estivesse dentro das minhas possibilidades. Administração de empresas. Uma profissão destinada àqueles que não têm muita certeza do rumo profissional a seguir. O diferencial da administração é que ela oferecia oportunidades de emprego durante o curso. Como disse, precisava me manter financeiramente longe de casa. E foi o que aconteceu. Do segundo para o terceiro ano de faculdade consegui um bom estágio na área financeira de uma multinacional. E, a partir de então, foram mais de 10 anos dedicados a essa área.

Vendo-me com muitas dúvidas se era a minha vida profissional a grande "vilã" pela minha "infelicidade", resolvi partir para uma segunda pergunta.

2) Eu faço o que gosto?

Essa pergunta foi a mais difícil de responder. No fundo, eu sabia que não fazia o que gostava, mas tinha medo de encarar a verdade. Foi doloroso confessar para mim mesma que eu não tinha mais "tesão" naquele trabalho ao qual dediquei mais de 10 anos da minha vida me aperfeiçoando através de cursos, treinamento, leitura.

Por isso, nesse período de reflexão, tão logo me deparei com um turbilhão de dúvidas sobre o que eu queria fazer percebi que eu não tinha a menor ideia. Encontrava-me perdida. Minha única certeza era: eu sabia o que eu NÃO queria fazer. E era exatamente o que eu fazia no momento. Eu não queria mais ser coordenadora financeira, nem gerente, e nem tampouco batalhar para me tornar uma diretora financeira. Desejava seguir outro caminho, porém sem saber ao certo qual era.

Até mesmo depois de deixar a empresa eu fiz alguns trabalhos na área financeira junto com o meu marido. Mas aos poucos fui me desligando, tão logo despertei para o meu propósito.

A escritora inglesa Joanna Penn, ex-consultora de tecnologia da informação, também encontrou o seu *propósito de vida* na escrita. Mas antes de se descobrir escritora, passou por todos os conflitos pelos quais passei. Ela conta sua história de transformação no seu livro *Career Change – Stop hating your job, discover what you really want to do with your life, and start doing it!* (Mude de carreira – Pare de odiar o seu trabalho, descubra o que você quer realmente para a sua vida, e comece já!)[15], ainda não traduzido para o português.

Ela conta em seu livro que, quando perguntava para as pessoas o que elas realmente gostariam de fazer, geralmente elas respondiam:

1) Eu NÃO SEI o que quero fazer, mas eu SEI o que eu NÃO QUERO FAZER HOJE.

2) Eu SEI o que eu quero fazer, apenas NÃO SEI COMO CHEGAR LÁ.

A primeira questão apresentada por Joanna era exatamente a que eu estava vivenciando. Eu não tinha a menor ideia do que poderia fazer, só sabia que já não me reconhecia naquilo que fazia. Estava em estado de alienação. A minha única certeza era que eu estava muito disposta a descobrir algo que tivesse sentido na minha vida.

A segunda resposta reflete uma situação de medo que impede a pessoa de agir e seguir o seu propósito de vida. A dúvida e a insegurança paralisam as pessoas. Vejo várias delas querendo fazer um monte de coisas, mas ao mesmo tempo colocam uma série de obstáculos para fazê-lo. Quando se sabe ou se tem uma noção daquilo que quer para a sua vida, já é um grande passo para o despertar do talento. Se você se encaixa nessa segunda pergunta, saiba que já deu a largada e "avançou uma casa". Agora, é só montar sua estratégia para chegar lá.

Michael J. Losier, em seu livro *O propósito da sua vida*"[16], sugere um exercício bem interessante para descobrir quais são nossas *necessidades de realização*. Para o autor, cada ser humano possui uma série de necessidades, e a importância de cada uma delas varia de indivíduo para indivíduo. Dentre algumas das necessidades citadas por Losier estão:

- *Aprovação*: reconhecimento, consentimento ou gesto de opinião favorável sobre algo ou alguém.
- *Autonomia*: independência, liberdade com relação a algo ou alguém. Aquele que toma suas decisões sem interferência externa.
- *Controle*: poder de influenciar ou direcionar o comportamento das pessoas. Gerenciar pessoas ou processos.
- *Desafio*: tarefa ou situação que testa as habilidades de alguém.
- *Individualidade*: conjunto de características que constituem a originalidade. Aquele que não se conforma à maioria.
- *Integridade*: ter princípios morais firmes, ser honesto.
- *Segurança*: sentir-se seguro, livre do perigo e de riscos.

Dentre outras como: *influência, intimidade, justiça, liberdade, satisfação (ou realização), valorização, reconhecimento, singularidade etc.*

Partindo do princípio de tais necessidades, Losier propõe que você faça questionamentos do tipo:

1) O que você "gostava" ou "amava" no seu trabalho, na sua vida profissional e na sua vida amorosa (passado).

2) O que você "gosta" ou "ama" no seu trabalho, na sua vida profissional e na sua vida amorosa (presente).

3) O "pior momento" no seu trabalho, na sua vida profissional e na sua vida amorosa (passado e presente).

O ideal é que você faça as perguntas para cada área da sua vida separadamente. E a cada situação, fazer uma conexão com a sua *necessidade de realização*.

Veja abaixo parte do meu teste para identificar as minhas necessidades de realização profissional e de relacionamento.

"NO MEU TRABALHO, EU NÃO GOSTAVA DE..."	
Liste quatro aspectos do seu trabalho ANTERIOR que completam a frase "EU NÃO GOSTAVA DE..."	Agora identifique, em sua Lista das Necessidades de Realização, a necessidade que estava faltando
1) A falta de flexibilidade de horário. Por vezes, ter que trabalhar no final de semana.	LIBERDADE E FLEXIBILIDADE
2) Ter que me relacionar com pessoas com as quais não tinha nenhuma conexão.	CONEXÃO
3) Fazer coisas que não condiziam com a minha crença de compartilhamento, sustentabilidade. "O lucro acima de tudo."	INTEGRIDADE
4) Falta de liberdade, de fazer aquilo que eu gostava e achava ser o mais correto.	AUTONOMIA E LIBERDADE

"NO MEU TRABALHO, EU AMO..."	
Liste quatro aspectos do seu trabalho ATUAL que completam a frase "EU AMO..."	**Agora identifique, em sua Lista das Necessidades de Realização, a necessidade que estava faltando**
1) Fazer o que eu gosto, segundo os meus princípios e valores.	LIBERDADE
2) Poder definir os meus horários de trabalho. Ter tempo para fazer atividades pessoais.	AUTONOMIA E FLEXIBILIDADE
3) Receber o retorno das pessoas que se identificam com as histórias dos meus livros.	INFLUÊNCIA E CONTRIBUIÇÃO
4) Poder influenciar as pessoas positivamente.	INFLUÊNCIA E CONTRIBUIÇÃO

"NO MEU RELACIONAMENTO, EU NÃO GOSTO DE..."	
Liste quatro aspectos do seu relacionamento que completam a frase "EU NÃO GOSTO DE..."	**Agora identifique, em sua Lista das Necessidades de Realização, a necessidade que estava faltando**
1) Quando meu marido não me dá atenção, priorizando assuntos de outras pessoas aos meus.	ATENÇÃO
2) Quando nos distanciamos depois de uma divergência.	CONEXÃO E INTIMIDADE
3) As mudanças constantes de opinião do meu marido com relação a algum projeto. Não me sinto segura.	SEGURANÇA
4) Quando o meu marido não divide alguma situação comigo, e que faz parte da nossa vida conjugal.	CONTROLE E SEGURANÇA

"NO MEU RELACIONAMENTO, EU AMO..."	
Liste quatro aspectos do seu relacionamento que completam a frase "EU AMO..."	Agora identifique, em sua Lista das Necessidades de Realização, a necessidade que estava faltando
1) Estarmos em harmonia a maior parte do tempo.	CONEXÃO E INTIMIDADE
2) Fazer yoga e outras atividades juntos. Valores muito parecidos. Companheirismo.	CONEXÃO E INTIMIDADE
3) Sempre procuramos conversar depois de uma divergência.	CONEXÃO E INTIMIDADE
4) Sou muito grata pela pessoa bondosa, honesta e íntegra ao meu lado.	INTEGRIDADE

Depois de fazer o exercício completo, Losier sugere que você foque nas quatro necessidades principais. No meu caso, preferi focar nas cinco primeiras (combinadas) que se destacaram na minha lista. São elas:

- autonomia e flexibilidade;
- liberdade;
- conexão e intimidade;
- controle e segurança;
- realização ou satisfação.

Olhando bem para as minhas necessidades, não foi à toa que me tornei escritora. A partir desse exercício, com relação ao trabalho, pude confirmar que me encaixava perfeitamente na atividade da escrita. O escritor não deixa de ser um profissional *autônomo*, que preza pela *liberdade* e deseja *controlar* o seu tempo de trabalho. Para completar, a maior satisfação do escritor é se *conectar* com seus leitores.

A respeito do meu relacionamento, confirmou-se que temos a *conexão* e a *intimidade* necessárias para continuarmos juntos. As demais necessidades que não estavam indo muito bem, decidimos sentar para conversar e discutir os pontos de melhoria no casamento e particular de cada um. Foi a partir dessa conversa que surgiu a ideia de praticar yoga juntos, a mudar nossos hábitos alimentares e a necessidade de controlar mais as emoções nos momentos de divergência. Este último é um exercício diário.

O exemplo anterior é apenas uma parte do meu exercício. Não vou pedir para você dar uma pausa na leitura e fazê-lo. Meu intuito não é esse. Meu objetivo maior com este livro é despertá-lo para o seu propósito. E a maneira que encontrei para isso é dividir com você as ferramentas que usei e deram certo para mim. Pode ser que você não use as mesmas e encontre as suas próprias.

Por isso, eu apenas sugiro, proponho. Vai depender de você querer fazer o mesmo ou não. Se você se interessar, que tal ler o livro de Losier *O propósito da sua vida* e fazer o exercício completo? Ele poderá lhe ajudar a identificar em qual área você precisa focar para encontrar o verdadeiro sentido da sua vida.

Confesso que, mesmo antes de ler o livro, percebi que a minha insatisfação profissional reverberava no meu casamento, causando as divergências constantes. E, por consequência, desencadeava no meu desequilíbrio emocional. Foi então que me senti preparada para seguir para a terceira pergunta.

3) Ok, NÃO SEI ao certo o que gostaria de fazer profissionalmente. Mas, e se eu NÃO AGIR agora? Como ficará a minha vida daqui a dois, três... dez anos, nos seguintes aspectos:

1) mental;
2) espiritual;

3) saúde;

4) casamento;

5) família;

6) trabalho.

Esta pergunta é destinada para aqueles que sonham em fazer algo, mas estão paralisados pelo medo de mudar. Nesse momento, você tem que ser muito sincero com você mesmo. Encarar a realidade nua e crua.

Quando a fiz, estava mentalmente abalada. Só queria dormir, minha libido estava baixa, e o mau humor cada vez mais frequente. Acordava, praticamente todos os dias, mal-humorada, com pensamentos negativos e repetitivos. E as discussões em casa eram um dia sim, e no outro também. Se continuasse nessa situação, cairia em uma depressão profunda e o casamento acabaria.

No âmbito espiritual, frequentava a igreja esporadicamente. Nasci na religião católica, e estou bem longe de ser sectarista. Respeito todas as religiões. No entanto, não conseguia me conectar com Deus. Eu ainda não sabia que precisava procurar Deus dentro de mim primeiro, e só depois nos lugares de devoção. Se não agisse logo, passaria a buscar a minha espiritualidade somente nos momentos de dificuldade.

Na saúde, percebi que a minha alimentação precisava melhorar. E logo! A "bendita" prisão de ventre era o meu "carma". Felizmente, percebi que o problema da constipação era mais o reflexo do meu estado mental do que da alimentação. Pesquisadores afirmam que o aparelho digestivo, do qual o intestino faz parte, é considerado nosso *segundo cérebro*. Passei a entender que parte do meu mau humor estava ligado ao meu "enfezamento". Se não me tratasse logo, algo pior poderia acontecer. Até mesmo um câncer de intestino.

Com relação ao casamento, estava bastante abalado. A "Faixa de Gaza" havia se instalado em casa. Um marido geminiano com ascendente em câncer e uma virginiana com ascendente em escorpião. Sente o drama! Um marido com uma mobilidade constante de ideias e uma esposa firme em suas convicções. Se nada fosse feito, nosso destino seria a separação, inevitavelmente.

Com a minha família, encontrava-me sempre disposta a fazer prejulgamentos e dar o meu veredito sobre as mais diversas situações. Era a dona da verdade. Queria ganhar nos argumentos das conversas a todo preço. Stephen Covey, em seu livro *Os sete hábitos das pessoas altamente eficazes*[17], sugere um exercício que caiu como uma luva. Ele pede para você imaginar o seu funeral, e as pessoas que compareceriam nele. Em seguida, imaginar o que as pessoas diriam a seu respeito. Mas não diretamente para a sua família – porque muitas pessoas irão dizer "Era uma pessoa tão boa!" apesar de não ter sido "tão boa assim". Esse exercício teve um impacto profundo em mim. Imaginei-me sozinha, amargurada, sem marido e a família tendo que me aturar.

Quanto ao trabalho, a desmotivação bateu novamente, foi o estopim. Estava cansada de trocar de emprego. Precisava encontrar uma solução. Caso contrário, minha produtividade começaria a cair e seria como a maioria das pessoas – contando o tempo para se aposentar. Fazendo cálculos e mais cálculos para tentar, em vão, saber o salário que receberia a fim de realizar sonhos de uma vida inteira. Só de pensar nisso eu entrava em pânico. Eu não queria ficar pensando em aposentadoria. Nem ficar esperando me aposentar para realizar todos os meus sonhos. Queria mais era aproveitar a minha jornada. E não torcer para que o tempo passasse rápido, recebendo um salário para minha "sobrevivência". Queria atrelar trabalho com realização, viagens, sonhos.

Pensar em tudo isso agiu como uma válvula propulsora dentro de mim. Acendeu um pisca alerta vermelho gritante, dizendo: "Você precisa agir!" Foi difícil perceber que estava magoando as pessoas ao meu redor.

E foi assim, fazendo essas três perguntas, que tive a certeza que precisava tomar as rédeas da minha vida, ser dona do meu destino e sair em busca dos meus sonhos.

A fase da decisão

Tony Robbins é um exemplo vivo de sucesso. Ele está há mais de 40 anos sendo referência de foco e determinação, ajudando pessoas a encontrarem seus propósitos de vida e a trilharem seus próprios caminhos. Começou sua trajetória aos 17 anos, e hoje, aos 58 anos, está mais engajado do que nunca. Disse ele: "*Toda a minha vida mudou em apenas um dia – o dia em que determinei não apenas o que gostaria de fazer e de ter, ou o que queria me tornar, mas também decidi quem e o que eu estava empenhado em ser e ter em minha vida*".

A fase da decisão é muito importante. De nada adianta ficar somente divagando. Uma hora você tem que se decidir.

Uma maneira de entrar de cabeça nessa fase é refletir, ou, ainda melhor, escrever tudo que pode lhe "custar caro" caso não mude já. Como você vai estar daqui a alguns anos vivendo neste estado de alienação? O que vai acontecer se não parar de comer errado? Se não parar de fumar? Como vai estar sua vida se não encontrar o real motivo da sua insatisfação? O que acontecerá se não começar a praticar atividade física para movimentar seu corpo cansado? Qual será seu futuro se não fizer algo para si mesmo, em breve?

Agora, que tal fazer uma lista dos ganhos que obterá se tomar a decisão de transformar a sua vida.

- Buscarei ou seguirei o meu propósito de vida.
- Vou ter mais saúde e vitalidade.
- Vou melhorar e fortalecer os meus relacionamentos.
- Vou estar no controle da minha vida.
- Vou ficar mais autoconfiante.

- Serei uma pessoa menos ansiosa.
- Vou realizar os meus sonhos.

E mais uma série de vantagens que essa decisão acarretará.

Um alerta: *Cuidado para não se autossabotar!* Na maioria das vezes, o seu pior inimigo é você mesmo. Se não acreditar em você, quem mais vai? Não coloque essa responsabilidade nas mãos dos outros. Você é o responsável.

A fase da reflexão não se refere apenas a decidir o que eu desejo fazer, mas o que eu NÃO quero fazer. Ela é a fase da retrospectiva. Aqui as perguntas ainda ficam martelando, se repetindo:

1) Estou feliz? O que estou fazendo que não sinto a felicidade dentro de mim?

2) E se eu continuar infeliz dessa maneira como vou estar daqui a 2 ou 5 anos?

3) Faço o que gosto? Mas o que eu gostaria de fazer? Estou disposto a descobrir?

Estar disposto a mudar é fundamental nesse processo. Caso contrário, aconselho-o a deixar este livro de lado, seguir a sua vida e esperar para ver o que vai acontecer nos próximos anos. Se por acaso estiver passando pelo mesmo período de insatisfação e vazio que passei, sinto lhe dizer que anos de dificuldades lhe esperam. Só não vale ficar entre lamúrias, colocando a culpa nos outros. A escolha é sua.

Quando você decide, inicia-se uma "atmosfera vibracional" ao seu redor. O universo começa a lhe mandar sinais. Mas não pense que tudo é "primavera". Inevitavelmente, terá que passar pelo "inverno" para ver as flores. Você será colocado a prova não uma, mas várias vezes. Será um momento de catarse, de limpeza interior, expurgação do velho para adentrar o novo. Por isso, é preciso querer de verdade e persistir.

Fui testada várias vezes pelo universo. Mas a vontade de encontrar o meu propósito me fez seguir forte. Às vezes, nem tudo sai conforme planejado. Você precisa estar preparado para as provações. No final de 2015, quando eu estava prestes a anunciar a minha saída da empresa, recebi uma proposta de promoção. Não vou mentir, fiquei abalada e tive dúvida se deveria aceitar ou não. Chegando em casa, conversei com o meu marido, chorei, rezei, pedi ao Divino Criador que me iluminasse. E fui atendida. Permaneci firme na minha decisão. Ficou claro a necessidade de uma transição na minha vida.

Nesse momento, ter apoio faz toda a diferença. Ele pode vir do seu companheiro(a), mãe, pai, irmãos, amigo próximo, enfim, pessoas que lhe darão o devido suporte. Mas fique atento! Não precisa anunciar no alto-falante que está passando por uma fase de transformação. Comece conversando com as pessoas que o apoiam. Existem "vampiros" de plantão. Eles caçam aqueles que estão na mesma vibração. Ao invés de ajudar, tentarão lhe colocar mais pra baixo com suas histórias de sofrimento. Vão lhe desmotivar, pois gostariam de ter a sua coragem de mudar. E como não a têm, tentam lhe desencorajar.

Quando sentei com o meu marido para conversar, era nítido que eu não estava feliz. E isso o fazia sofrer também. Desde que expus para ele que precisava fazer algo para reverter aquela situação, ele compreendeu e me apoiou completamente. Sem o suporte dele, a quem apelidei de Multitarefeiro no meu primeiro livro, minha caminhada rumo ao meu propósito teria sido mais dolorosa. Hoje estamos colhendo os frutos da nossa evolução. Fazemos yoga juntos, ele também faz terapia holística, melhoramos nossa alimentação, compartilhamos cursos de autoconhecimento. Essa caminhada serviu de aprendizado para ambos.

Toda mudança exige uma reflexão. Todos temos obrigações. Não aconselho você a jogar tudo para o alto de uma hora pra outra. Eu mesma não fiz isso. Planejei minha mudança durante 6 meses. Na verdade, foram 8 meses até que a transição se concretizasse.

Você pode estar se perguntado: *Será que preciso largar o meu emprego para encontrar o meu propósito de vida?*

Eu decidi deixar o meu. Porém, talvez você não precise largar o seu. Pode ser que o seu propósito está naquilo que já faz. No meu caso, decidi tentar outra profissão porque percebi que não me sentia mais realizada na área em que atuava.

É importante pensar que nem sempre o que é bom para o outro pode ser bom para você.

Por isso, ratifico a importância de reconhecer suas *necessidades de realização*. O exercício anterior, proposto por Michael J. Losier, é uma boa forma de identificar as suas. As minhas ficaram bem claras, principalmente *autonomia* e *liberdade*. Essas necessidades foram essenciais no meu processo de decisão.

Talvez, no seu caso, o emprego não seja o grande vilão. Analise se não precisa somente mudar sua rotina, se desenvolver e descobrir novas maneiras de se destacar no seu ramo de atuação. Formule suas próprias perguntas. *Será que esse trabalho está me desafiando? Ou seria o contrário, você é quem tem medo de aceitar novos desafios?*

Durante anos trabalhando nas empresas, observei muitos reclamando, mas fazendo muito pouco para mudar. A posição do colega no trabalho era sempre melhor que a dele. As pessoas que eram promovidas tinham "sorte". Pois é, conheço muitas pessoas de "sorte". O mais incrível é que elas estão sempre fazendo algum curso de aperfeiçoamento, estão sempre dispostas a participar de trabalhos desafiadores, colaboram com a equipe de trabalho e não temem procurar o líder para expor suas expectativas. A meu ver, elas conseguem boas oportunidades porque as identificam e agarram com muito esforço e dedicação.

Aproveitando, lhe pergunto: *Você conhece alguém a quem admira por seus feitos?* Abra um canal de comunicação. Bata um papo com ele. Peça sua ajuda. Pergunte como ele fez para chegar aonde chegou. Sempre digo que devemos nos espelhar com os melhores, não com os piores. E quando digo os melhores, me refiro àquele admirado pela sua integridade e boas práticas. Não aos egocêntricos de plantão.

Preste bem atenção se você não se tornou um viciado em reclamar. Caso contrário, nada o satisfará. Talvez o problema não esteja nos locais de trabalho, mas em você. Será que é realmente a empresa que não o valoriza ou é você que não se valoriza.

A seguir, algumas sugestões para identificar se mudar de emprego é a melhor solução.

1) Ter uma conversa franca com o seu chefe

Mas, por favor, não vá para um embate! Isso pode gerar conflitos e piorar a situação. De preferência, escolha o melhor dia (fique atento ao humor do chefe). Vá com o coração aberto e totalmente positivo. Imaginem-se conversando abertamente. Pontue em uma folha, com antecedência, tudo aquilo que está lhe incomodando. Até mesmo as propostas de mudança. Não vá para a conversa com o intuito somente de reclamar. Líderes adoram pessoas que apresentam soluções para os problemas.

Esteja disposto também a escutar. Uma ótima forma de ter retorno são as avaliações de desempenho. Por isso, se seu líder lhe deu um *feedback* dizendo que o seu inglês precisa evoluir para você ser promovido, corra atrás. Só assim você pode cobrá-lo na próxima avaliação. Além do mais, o conhecimento pode trazer ganhos maiores para você do que para a empresa.

2) Pedir para participar dos projetos da empresa

Se houver algum projeto que esteja interessado, vá em frente e diga que gostaria de participar. As pessoas costumam reclamar que não são "convidadas" para participarem dos projetos da empresa. Ao invés de ficar se lamentando "à espera de um milagre", deixe claro seu interesse em fazer parte da equipe.

Tenho um amigo que nunca esperava para ser convidado para os novos projetos da empresa em que trabalhava. Quando ficava sabendo, lá estava ele pesquisando a respeito e dando seu nome como candidato interessado. Na maioria das vezes, ele estava dentro. O mais interessante era que ele se candidatava até mesmo para aqueles que não estavam ligados à sua área. Sempre havia um aprendizado no final. Essa iniciativa o levou longe. Atualmente, trabalha em outro Estado e está feliz. Ele sempre compartilhou com seus líderes o interesse de trabalhar em outras unidades. Conseguiu tudo isso sendo claro e objetivo. Não tinha medo de receber um não, sem contar seu esforço e dedicação em tudo que faz. Porque não adianta querer participar de um projeto e não se dedicar a ele.

Desse modo, não fique sentado esperando as coisas acontecerem, concretize-as você mesmo.

3) Pense em mudar de área

Se houver essa possibilidade, por que não? Quem sabe sua insatisfação está na sua rotina diária. E o seu real interesse esteja em uma outra atividade?

Mas antes, pesquise. Pense a respeito. Faça uma entrevista despretensiosa. Sonde as pessoas que trabalham na área desejada, bem como o líder imediato. Reflita bem se você irá se adequar a essa nova oportunidade. Depois, planeje a conversa com o seu líder. A verdade é a seguinte: nenhum líder quer perder seus funcionários, principalmente os bons. No entanto, um líder de verdade pensará no melhor para as pessoas. Se colocará no lugar delas. Se você deixar claro suas intenções e se prontificar a ajudar nessa transição, tenho certeza de que tudo fluirá perfeitamente.

4) Se não tiver jeito, mude de emprego

Agora, se mesmo com todo o planejamento, pensamento positivo, conversa franca, você sentiu que as coisas continuaram do mesmo jeito, não lhe resta outra opção senão deixar a empresa. Procure com calma. Pesquise as oportunidades nas empresas em que gostaria de trabalhar. E se encontrar alguma vaga que lhe interesse, se candidate a ela. É interessante sondar a empresa, as condições de trabalho, como ela trata seus funcionários, o plano de carreira. Uma forma efetiva de "sondar" é conversar com uma pessoa que trabalhe na empresa há um certo tempo. Cuidado para não pegar informações com um funcionário reclamão, hein?! Converse com uma pessoa que passe confiança. É melhor fazer essa sondagem antes do que fazer uma troca de emprego ineficaz. Como diz o velho ditado: "Não vá trocar seis por meia dúzia".

5) Mude de profissão

E se no final você pensava que gostava da sua área de atuação, mas seu talento deu sinais de despertar, reveja suas habilidades. O processo de autoconhecimento o ajudará a encontrar as respostas.

Lembre-se que mudar de profissão requer paciência, aprendizado. Você pode precisar recuar em alguns aspectos, para só depois avançar. Os ganhos serão menores ou nada, por um certo tempo. Ou até mesmo, por motivos de família ou compromissos financeiros, tenha que permanecer no atual trabalho por mais algum tempo. Apenas não se acomode. Coloque uma meta concreta de descobrir o que realmente gostaria de fazer. Tenha em mente que, para descobrir o seu talento e chegar ao seu propósito, você precisa se conhecer melhor. Durante esse processo, faça um planejamento – pessoal, profissional e financeiro. Converse com seu parceiro, principalmente, sobre o planejamento financeiro para essa fase de transição. Existem várias maneiras de deixar de gastar sem sofrer. No final das contas, você tem um objetivo maior.

Uma hora você vai ter que decidir. Que tal agora?!

4
Cinco passos importantes para alcançar o seu propósito

> *O Ego diz: Depois que tudo der certo eu vou sentir a paz. O Espírito diz: Encontre a sua paz e tudo dará certo.*
> Marianne Williamson

Conhecer a si mesmo

O *autoconhecimento* é a chave para encontrar o seu *propósito*. Conhecer-se melhor fortalece a autoconfiança e a autoestima.

Se você tem dentro de si a vontade de fazer algo, mas não sabe como levar isso adiante, deve se conhecer melhor. Isso vai ajudá-lo(a) a lidar com os conflitos internos e as dúvidas que surgem nesse período de mudança.

Como já mencionei, esse não é um livro que vou lhe pedir para fazer uma série de exercícios. Não sou *coaching*, nem psicóloga, nem terapeuta. Sou apenas uma escritora que descobriu o seu próprio propósito de vida. Meu objetivo é dividir com você como é maravilhoso fazer algo que realmente ama. Como é gratificante trabalhar até nos finais de semana porque acredita naquilo que faz. E, claro, também acreditar que isso lhe trará prosperidade e abundância.

Quero lhe mostrar que você não é o primeiro, nem será o último a ter incertezas sobre que rumo tomar na vida. Sei exatamente como está se sentindo. Nascemos em famílias diferentes e moramos em lugares distintos, porém temos as mesmas necessidades de amor, de reconhecimento, de realização. É bem provável que nossos sentimentos se igualarão quando descobrir o *seu propósito de vida*.

Talvez tenha observado que nos livros de desenvolvimento pessoal, após a fase da reflexão e da decisão, sugere-se a "ação". Eu, ao contrário, sugiro o "autoconhecimento". Esse é o primeiro passo a ser dado, a fim de reconhecer e reafirmar suas habilidades. Posteriormente, você pode colocar "os pés e as mão na massa".

Mas eu não estarei perdendo tempo me autoconhecendo? Não deveria já começar a fazer alguma coisa? Qualquer coisa! Digo por experiência própria que não. Você poderá perder tempo se sair fazendo um monte de coisas de maneira desenfreada. Vai tentar tudo e acabar descobrindo nada. Chegará a ter mais dúvida do que certeza daquilo que realmente deseja. E assim, dificilmente sairá do marco zero.

Você não precisa ficar parado. Enquanto planeja sua transição, poderá ir experimentando outras atividades em paralelo. Faça isso com desprendimento. Experimente fazer tudo aquilo que sempre quis fazer, mas pensava que tomaria seu tempo. Retome seus *hobbies*.

Há algum tempo, você tinha coisas mais "importantes" para fazer, não é? Pagar boletos era uma delas. O dinheiro em primeiro lugar, depois o carro novo, em seguida a casa nova com piscina... Não estou dizendo que você não deveria desejar tudo isso. É claro que deve! O ideal é que isso aconteça em um momento de pura sinergia, de bem-estar. Afinal, quem aproveita a abundância e a prosperidade quando se está passando por desarmonia no relacionamento, no trabalho ou com os filhos?

Comece a ler mais sobre assuntos de seu interesse, a fazer cursos presenciais online. A informação hoje é abundante. Mas tome cuidado com a fonte. Avalie o máximo possível.

Não pense que as perguntas cessarão. Conhecer-se melhor ainda demanda continuar a fazê-las.

- O que eu gosto de fazer?
- O que estaria disposto a aprender?
- Me daria bem sendo dono do meu próprio negócio?
- Sendo proprietário de um negócio, eu saberia lidar com as pessoas?
- Eu gostaria de trabalhar em casa, ou tenho que sair todos os dias para trabalhar?
- Quero trabalhar com outras pessoas? Ter um sócio?
- Quero ser empregado ou autônomo?
- Sendo autônomo, eu abdicaria dos benefícios de ser empregado, ganhos inconstantes de início?
- O quanto eu quero trabalhar para alcançar meus objetivos?
- Se começar um propósito novo, vou estar ciente que estou em processo de aprendizado e esse processo pode ser mais lento?[18]

Pense nessas perguntas enquanto divido com você 5 passos importantes para o seu autoconhecimento.

1) Fazer algo que o desligue do mundo lá fora; conecte-se com você mesmo

Quando ainda trabalhava na área financeira, fazia vários cursos para aprimorar minhas habilidades profissionais. Nesse período, não fazia praticamente nada para satisfazer as minhas necessidades pessoais. A Jussara profissional sempre vinha em primeiro lugar.

Desde o meu despertar, a necessidade de fazer algo pessoal surgiu de maneira intensa. Até o meu marido foi influenciado. O que foi bom, visto que melhorou o nosso relacionamento.

Depois da nossa conversa, que culminou na minha decisão de dar uma guinada de 180 graus na minha vida, decidimos fazer algo juntos. Era preciso nos reaproximar, reativar nossa conexão homem-mulher. E foi assim que surgiram as atividades de bem--estar a seguir.

Yoga

Pessoas agitadas dizem que não se identificam com o yoga. Elas o consideram uma atividade muito "parada" e, por isso, acreditam que necessitam de outra mais "animada" para liberarem suas energias. Concordo que temos de fazer exercícios aeróbicos ou mais intensos a fim de ativar a circulação sanguínea e a melhorar a eficiência cardíaca. Mas se engana quem ainda tem esse conceito sobre a prática. Além de movimentar o corpo, o yoga nos ensina a ter consciência corporal. Suas posturas ajudam a liberar energias estagnadas, fazendo com que elas circulem harmoniosamente através de nossos "chacras".

Através do yoga prestamos mais atenção na respiração e no corpo. O coração e a circulação sanguínea também são trabalhados, pois existem posições que exigem equilíbrio e força física. Consequentemente, o coração passa a bombear mais sangue movimentando todo o sistema circulatório. Particularmente, adoro sentir o meu coração pulsar forte quando pratico uma posição mais intensa. Sinto-me viva.

Quando fiz yoga pela primeira vez passava por um momento de muita agitação. Havia acabado de voltar de uma temporada de dois anos de trabalho frenético em São Paulo. Estava em Taubaté à procura de uma nova recolocação profissional, preocupada se as minhas economias dariam para me manter nesse período fora do mercado. No meu primeiro dia de aula, o meu pensamento não parava um minuto. Simplesmente, não conseguia me concentrar.

Achei tudo aquilo um saco. *Respirar, limpar a mente, prestar atenção no corpo.* Não demorou muito para eu desistir.

Já a segunda tentativa foi diferente. Foi um verdadeiro encontro de "almas gêmeas". Dessa vez, o yoga me proporcionou uma experiência direta com a minha própria luz interior.

Para quem não sabe, o *yoga* é uma filosofia oriental, indiana, cujo termo de origem sânscrita (língua clássica e literária dos hindus na Índia) refere-se à união do indivíduo com a consciência universal. Há uma diferença muito grande entre *filosofia ocidental* e *oriental*. A primeira é essencialmente uma busca acadêmica: discussão, trabalho escrito, exposição. Já a oriental é ensinada através da prática que busca abrir e elevar a consciência de um indivíduo.

A prática do yoga leva a um controle corporal e à unidade com o ser divino. Existem várias modalidades de yoga: *Hatha Yoga, Iyengar Yoga, Ashtanga Yoga, Power Yoga*, dentre muitas outras praticadas por milhões de pessoas ao redor do mundo. A modalidade que pratico atualmente é a clássica ou *Hatha Yoga*. Suas posturas são realizadas em um ritmo mais tranquilo. A finalidade principal não é enrijecer os músculos, mas desenvolver a flexibilidade e reduzir a tensão. Mesmo assim, com o passar do tempo você sentirá o corpo mais forte. O *Hatha Yoga* reúne técnicas de respiração e posturas.

Através do yoga passamos a prestar mais atenção nos aspectos que interagem e interferem na nossa real existência. Primeiro no aspecto físico, que diz respeito ao nosso corpo e seus movimentos fisiológicos. Segundo no aspecto mental, onde habita nosso consciente e subconsciente, sentimentos e movimentações químicas. E terceiro no aspecto energético, no qual se encontra o espírito e a verdadeira compreensão das coisas[19].

O yoga é uma ótima maneira de exercitar o autoconhecimento. Para aqueles que são agitados ou se encontram em um momento atribulado da vida, recomendo que tenha paciência e persistência na prática. Esse é o principal objetivo do yoga – desenvolver uma disciplina que lhe sustente, e assim você sempre possa se superar.

Ritos Tibetanos

Ele se esforçava para reconhecer o homem parado à sua porta. Em nada se parecia com aquele velho encurvado, pálido, que andava de bengala. Pelo contrário, apresentava um rosto firme, poucos cabelos brancos e postura ereta. Aos poucos foi se lembrando da primeira vez que se conheceram, no parque.

Peter Kelder estava sentado num banco, lendo o jornal, quando um idoso de aproximadamente 70 anos de idade veio se sentar ao seu lado. Ele se apresentou como Coronel Bradford. Começaram a conversar e não foi difícil deixar o jornal de lado e prestar atenção nas histórias interessantes daquele senhor. Ele já havia viajado o mundo todo servindo o Exército Britânico.

Um de seus relatos mais interessantes foi quando serviu na Índia, no começo do século XX. Ele lhe contou a história de um grupo de monges tibetanos – os *lamas*. Diziam que os *lamas* conheciam o segredo da *Fonte da Juventude*. Segundo essas histórias, velhos haviam recuperado a saúde e rejuvenescido de maneira milagrosa, após viverem com os monges.

Ocorre que, por milhares de anos, os ensinamentos dos *lamas* foram sendo passados de geração para geração. Eles não se esforçaram para guardar esse segredo. Nem era preciso. Eles viviam em um local montanhoso, isolado do mundo. Para muitos, tratava-se apenas de histórias contadas pelos mais velhos. Uma lenda. Porém, não para o coronel. Anos depois, Bradford decidiu voltar para a Índia para encontrar o mosteiro e aprender as técnicas de rejuvenescimento e, em seguida, compartilhar a *Fonte da Juventude* com outras pessoas.

Essa história é contada no livro de Peter Kelder – *A fonte da juventude*[20]. Não se tem comprovação da existência do Coronel

Bradford. No entanto, sabe-se que o autor viajou o mundo e conheceu a medicina tibetana em 1939. Mesmo ano em que o livro foi publicado. Acredita-se que o personagem principal seja o de um heterônimo de Kelder após ele ter descoberto a sabedoria milenar dos *Ritos Tibetanos (ou a Fonte da Juventude)*.

Particularmente, desde que começamos a praticar os *Ritos Tibetanos* – o meu marido e eu –, os resultados são muito positivos. Sabemos que somente eles não fazem milagres, mas é inegável a disposição que os exercícios nos proporcionam. Os dias que não fazemos, sentimos a diferença no nosso ânimo no decorrer do dia.

Para aqueles que nunca ouviram falar, os *Ritos Tibetanos* são movimentos inspirados em passos do yoga. Eles não se referem a nenhum tipo de religião, apesar de seus primeiros praticantes serem adeptos do budismo. Porém, pode ser considerado como um ritual sagrado, levando em consideração os benefícios que ele oferece – vitalidade e saúde para o corpo.

A principal função dos exercícios está em restabelecer o equilíbrio dos *Sete Chacras*, que estão intimamente ligados às glândulas endócrinas do nosso corpo. Os hormônios produzidos pelas glândulas endócrinas são responsáveis por regular as funções corporais, inclusive o processo de envelhecimento.

Os monges ensinaram ao coronel que em um organismo sadio os *Sete Chacras* (representados como vórtices de energia) giram em grande velocidade. O principal objetivo dos chacras é trazer a energia vital para o nosso corpo. Mas, se um desses vórtices diminuir sua rotação, o fluxo de energia fica bloqueado resultando em doenças e no envelhecimento acelerado das células.

Basicamente, os *ritos* são compostos por *5 passos do yoga*. De início, deve-se praticá-los em uma sequência de 3 vezes cada movimento. Depois, sentindo-se mais confortável, pode ir aumentando as repetições de duas em duas vezes, até chegar aos 21 movimentos de cada passo diariamente.

Se você quiser saber um pouco mais sobre essa prática "milagrosa", assista ao meu vídeo no YouTube no endereço https://www.youtube.com/watch?v=gir2znwaJEA Nele, eu falo um pouco mais sobre a técnica e ensino passo a passo como fazê-lo.

Meditação

A *meditação* é outra maneira de se conectar consigo mesmo e com o universo. Encaro a meditação como uma das práticas mais profundas de autoconhecimento. Ela nos conduz para além de tudo que conseguimos compreender. Através da meditação nos conectamos com a nossa essência.

A meditação é uma forma de compreender o que seu espírito quer lhe dizer. *Meditar* não se trata de falar com a mente, e sim com o coração. Você silencia a mente e se comunica com o coração. Ele é a chave do reconhecimento de si mesmo.

Medito praticamente todos os dias; salvo exceção, alguns finais de semana em que sou vencida pela cama. O meu marido me acompanha nessa rotina. Acordamos bem cedo, antes das 6 horas da manhã. Depois de fazer os *Ritos Tibetanos* (5 passos do yoga), meditamos por 20 minutos. Durante a semana, se por algum motivo deixamos de meditar, sentimos como se a "bateria" do nosso corpo ficasse apenas na reserva. O aparelho celular quando está prestes a acabar a bateria avisa que precisa ser recarregado. O mesmo acontece conosco quando não meditamos... nossa disposição "apita"!

Tanto o yoga quanto a meditação nos ajudam numa das atividades corporais mais importantes: *a respiração*. Você já parou para prestar atenção na sua respiração? Pessoas ansiosas geralmente respiram do peito para cima. Não praticam a respiração completa, profunda. Estão sempre afobadas. Respirar profundamente é fundamental para a nossa saúde: promove o rejuvenescimento, oxigena as células e o cérebro, melhora a digestão, reduz o *stress*, traz uma série de benefícios.

Pessoas muito agitadas dizem não conseguir se concentrar enquanto estão meditando. Se você for uma delas, procure ser persistente na prática. Ninguém aprende ou conquista aquilo que deseja de uma hora para outra. Para tudo é preciso dedicação. O mesmo acontece com a meditação. De início, você não tem que sentar na posição de *lotus*, nem ficar uma hora tentando acalmar os pensamentos. No começo, 5 minutos serão suficientes. Depois é só ir aumentando gradativamente, até se sentir mais confortável.

Gosto de fazer a meditação guiada, seguida de um mantra. Para isso, uso o aplicativo "Ananda", do Deepak Chopra. O aplicativo apresenta vários temas: amor, saúde, propósito, prosperidade, abundância. Meu marido e eu seguimos diariamente a meditação. Na maioria das vezes é impressionante como a mensagem nos vêm de forma assertiva, refletindo nossos sentimentos. Esse aplicativo é inglês. Mas existem vários outros de meditação guiada na internet. Faça uma pesquisa no *Play Store do Google*.

Quando falamos de meditação é muito importante o "papel" do mantra para ajudar na concentração. Necessariamente, o mantra não precisa ser uma frase em sânscrito. Você pode repetir mentalmente uma frase positiva de seu interesse. Por exemplo: "Sou fonte divina", "Sou uma pessoa de sucesso", "Sou fonte de prosperidade e abundância" etc. Se não sigo o mantra da meditação guiada, gosto muito de repetir a frase do *Ho'oponopono*: *Sinto muito, Me perdoe, Eu te amo, Sou grata*. Coloco à frente da frase principal o nome de alguém em especial, ou apenas *"Minhas memórias... sinto muito, me perdoe, eu te amo, sou grata"*.

Veja alguns benefícios da meditação para o corpo e para a mente[21].

• *3 minutos de meditação*: a química do corpo e a circulação são afetadas. Dá-se o início do aumento da circulação sanguínea e da distribuição das secreções neuroendócrinas por todo corpo.

• *7 minutos de meditação*: aumentam-se os padrões cerebrais partindo para um estado de profundo relaxamento. Observa-se o aumento da força magnética ao redor do corpo.

• *10 minutos de meditação*: os sistemas nervosos simpáticos e parassimpáticos começam a acumular energia. Os nervos e as glândulas pituitárias (responsáveis pela secreção de uma série de hormônios) iniciam o processo de mudança.

• *20 minutos de meditação*: as mentes positivas, negativas e neutras se integram e começam a trabalhar em conjunto. Dá-se o início da limpeza dos pensamentos no subconsciente relacionados à ansiedade.

• *30 minutos de meditação*: a mente e a aura são afetadas. O sistema endócrino e os chacras são equilibrados. O equilíbrio adquirido na meditação permanece durante o dia refletindo no comportamento e no humor.

• *A partir dos 40 minutos*: a meditação oferece benefícios físicos e mentais. No âmbito físico, promove mudança em nossa fisiologia onde cada célula do nosso corpo é preenchida com mais energia vital (*prana*). Com o aumento de energia, nos sentimos mais alegres, em paz e entusiasmados pela vida.

Além do bem-estar físico e mental, meditar desperta nosso espírito. É uma ótima maneira de se conhecer melhor.

Terapia holística

Diz-se *holístico* porque trata o indivíduo como um todo. A palavra *holos* significa todo, inteiro. Existem várias técnicas que compõem a *terapia holística*; o yoga é uma delas. Dentre outras, conhecidas no Brasil, estão: *Reiki, Acupuntura, Florais, Do-In, Shiatsu, Ta-Chi-Chuan, Massagem, Reflexologia, Ortomolecular.*

O conceito holístico ensina que, quando há um problema, este deve ser tratado em sua totalidade, e não separadamente. Por isso, a terapia holística considera o ser humano como um indivíduo complexo, formado por vários corpos: *o corpo físico, o corpo energético, o corpo emocional, o corpo mental e o corpo espiritual.* A *terapia holística* procura sempre tratar o indivíduo, e não somente a doença em si.

Na maioria das vezes, estamos focados no corpo físico – afinal é o que está visível aos nossos olhos, é tangível – e nos esquecemos que somos muito mais que a parte física que nos compõe. Por isso, devemos despertar para os elementos mentais e espirituais que integram o nosso ser, que vão além do âmbito material.

Da mesma forma que o yoga e a meditação, a *terapia holística* enfatiza a necessidade de buscar algo maior do que as coisas externas que nos rodeiam. Faz-nos olhar para dentro de nós mesmos, nos questionar e ir além do corpo que sustenta nosso espírito.

Tanto as técnicas de *terapia holística* quanto o yoga nos instiga a questionar: "O que estou fazendo que está prejudicando a minha saúde e o meu bem-estar?" "No que eu deveria estar prestando atenção e não estou?" "O que eu não estou ouvindo dentro de mim?" Estas são perguntas que você começa a se fazer e passa a sentir necessidade de respostas. Só que essas respostas estão aí, "trancafiadas" no seu íntimo.

A partir do momento que você começa a entender o motivo que o levou a sair à procura de algo a mais, percebe que é o responsável por qualquer situação difícil que esteja passando. Somente você pode encontrar respostas por tudo aquilo que vivenciou até agora.

A *terapia holística* surgiu num momento de descoberta do meu "Eu". Ela foi parte integrante e fundamental nessa fase de autoconhecimento. Já havia ouvido falar do assunto, lia a respeito, mas nada aprofundado. E mesmo assim, tinha uma vontade muito grande de conhecer e experimentar.

Foi então que o universo, já conspirando a meu favor, me apresentou o tratamento. Um casal de amigos veio a nossa casa. Falamos sobre o yoga e eles disseram que estavam fazendo uma tal de "terapia holística". Não acreditei! Naquela mesma semana, eu tinha lido a respeito, e pensei como seria interessante conhecer mais sobre o método. Não demorou e, no final de semana, fui agraciada com essa indicação.

Na primeira oportunidade, liguei para agendar um horário. Era exatamente o que eu precisava naquele momento de transição. O yoga e a terapia holística se complementariam de maneira perfeita no meu processo de busca interior.

A técnica utilizada pela minha terapeuta é conhecida como massagem ayurvédica *Kusum Modak*[22]. Essa técnica foi desenvolvida por uma indiana de mesmo nome. O método *Kusum Modak* integra conceitos da Medicina Ayurveda e do Yoga. As mãos, os pés e o peso do corpo são usados para executar a massagem que se baseia nos "asanas" do yoga. Os movimentos são combinados com o uso de óleos vegetais. A massagem, através dos *pontos marmas*, trabalha as articulações, a respiração, e ajuda a ativar a circulação sanguínea.

Os *pontos marmas* são locais no corpo onde está concentrada a "energia vital". Por meio da manipulação desses pontos, é possível realinhar os *chacras* que se encontram em desequilíbrio devido ao estresse e à insatisfação pessoal e profissional.

A massagem *Kusum Modak* é uma das técnicas da terapia holística que venho utilizando para estabelecer conexão entre corpo, mente e espírito. Mas, como mencionei acima, existem outras terapias também muito boas, todas voltadas para a cura do paciente e não diretamente da doença. Essas terapias entendem que se o paciente está bem, o corpo também estará. Basta estar disposto a cuidar de si mesmo.

No link a seguir você pode assistir a entrevista com a minha terapeuta sobre a técnica e os principais benefícios da terapia holística ou ayurvédica: https://www.youtube.com/watch?v=CCdOhLHf2qk

Foi também através da minha terapeuta que despertei para uma alimentação mais adequada, baseada na Ayurveda. Segundo a Ayurveda, a boa digestão é o segredo da saúde perfeita e o equilíbrio do corpo. É através dela que os nutrientes dos alimentos que adquirimos são absorvidos, e tudo aquilo que não foi aproveitado é eliminado. Por isso, a importância de alimentar-se bem, dando preferência para alimentos saudáveis, de preferência orgânicos. Não adianta cuidar da parte exterior – o corpo – se você não se preocupa com o que está colocando para dentro dele.

Existem várias outras atividades que podem lhe ajudar a conectar-se consigo, tal como dança, tai chi chuan, pintura, canto, tocar algum instrumento musical, aulas de teatro; veja com qual você se identifica. O importante é praticar algo voltado para o seu bem-estar.

2) Livros, documentários, vídeos e filmes motivadores

Ele foi salvo pela leitura.

Benjamim Solomon Carson nasceu no dia 18 de setembro de 1951 em uma família muito pobre. Os pais se separaram quando ele tinha apenas 8 anos de idade. Sua mãe, Sonya Carson, foi responsável por criar sozinha ele e o irmão mais velho. Negro, sofria *bullying* na escola. Ben era uma criança desmotivada. Teve sérias dificuldades no ensino fundamental e chegou a se tornar o pior aluno da classe. Por consequência, vivia dizendo que era burro. Sua mãe, percebendo a sua baixa autoestima, começou a incentivá-lo com afirmações positivas. Ela dizia que ele tinha um grande potencial e poderia ser o que bem quisesse na vida.

Sua mãe sustentava a família limpando casas. Um certo dia, foi trabalhar para um renomado professor acadêmico. Sonya ficou impressionada com a quantidade de livros na biblioteca do professor. Havia livros espalhados por todos os lados, outros devidamente organizados em estantes enormes nos quatro cantos da sala. Ela pôde pressentir, no meio daquelas obras, a possibilidade de um futuro melhor para a sua família.

Nesse mesmo dia, chegou em casa determinada a fazer algo que mudasse a vida de seus filhos. Decidiu limitar o período que os meninos passariam na frente da televisão. Ela "obrigou" Ben e o irmão a irem à biblioteca toda semana e escolherem dois livros. Após a leitura, eles deveriam fazer um resumo da obra lida e apresentá-lo para a avaliação da mãe. Atenção a um detalhe: *a Sra. Carson não sabia ler nem escrever.* Quando os meninos lhe mostravam os resumos, ela fingia ler e os elogiava sempre.

A iniciativa da mãe foi um divisor de águas na vida de Ben e do irmão. Ben formou-se com honras no ensino médio, além de ganhar uma bolsa de estudo para fazer psicologia na Universidade de Yale. Posteriormente, cursou Medicina na Universidade de Michigan, especializando-se em neurocirurgia pediátrica. E, com apenas 33 anos, tornou-se chefe dos residentes em neurocirurgia no renomado hospital americano *John Hopkins.* Ninguém acreditaria que ele era o mesmo garoto pobre, considerado o pior aluno de sua classe.

Dr. Ben Carson ultrapassou barreiras. Foi o primeiro neurocirurgião a fazer uma cirurgia delicada em um feto para retirada do tumor no tronco cerebral. Em 1987, foi pioneiro na separação de gêmeas siamesas, coligadas pelo crânio. Esta última, extremamente complexa, foi cuidadosamente planejada pelo cirurgião durante cinco meses. O procedimento contou com uma equipe de 55 especialistas, entre médicos, técnicos e enfermeiros. A cirurgia durou 22 horas.

Graças aos livros, Dr. Ben Carson descobriu o seu verdadeiro valor, seu *propósito de vida*. E através desse valor, ele fez a diferença na vida das pessoas. Detalhes de sua trajetória são contados por ele em seu livro *Mãos talentosas*. O livro virou filme em 2009, estrelado por Cuba Gooding Jr. no papel principal[23].

Acredito muito na transformação de um indivíduo através da leitura. Os livros nos fazem ter contato com outras culturas, nos instigam a repensar nossas convicções, nos tornam pessoas mais questionadoras, nos abastecem com conhecimento. Eles nos transformam.

Quando criança, minha mãe costumava me levar com ela para o trabalho. Era cozinheira escolar, e por vezes era escalada para trabalhar no período da noite. Assim que chegávamos na escola, eu corria para a biblioteca. Realizava-me no meio daquele mundaréu de livros. Costumava incorporar os personagens de várias histórias. Passados alguns anos, meu interesse pelos livros foi crescendo. Lia de tudo. Confesso que na adolescência tinha uma quedinha pelos romances "água com açúcar". E ainda gosto de um bom romance. Mas nunca deixei de ler outros gêneros.

Ler, ler, ler, ler muito foi uma das primeiras iniciativas que tomei quando percebi que precisava me conhecer, me reconhecer, "acordar" minhas habilidades. Nos últimos anos, havia deixado a leitura de lado. Lia, quase sempre, literatura voltada para a minha formação profissional. E praticamente nada direcionado para o meu autoconhecimento.

Descobri livros maravilhosos que me fizeram refletir a respeito de tudo aquilo que estava sentindo. Sentimentos ruins que me incomodavam. Procurei por obras baseadas na vida de pessoas que vivenciaram o mesmo que eu vinha passando. Queria saber como elas lidaram com as suas situações e deram a volta por cima.

Um dos primeiros livros que li nesse período foi *Você pode curar sua vida*, da escritora Louise Hay[24]. Esse livro maravilhoso me fez olhar no espelho e reconhecer a pessoa responsável pelo meu vazio e insatisfação. Louise traz à tona verdades que escondemos de nós mesmos e dos outros. Faz-nos despertar sobre os males que causamos ao nosso "Eu" e às pessoas ao nosso redor devido aos padrões de pensamentos limitantes que carregamos conosco. Foi através da autora que comecei a me interessar por assuntos relacionados aos pensamentos e sentimentos negativos, e como eles podem nos prejudicar.

Nesse livro, ela compartilha como foi sua jornada particular e como encontrou sentido para a vida ajudando outras pessoas ensinando sua técnica de afirmação positiva. É um livro surpreendente, sempre o recomendo.

Os quatro compromissos, de Dom Miguel Ruiz[25], foi outro livro muito especial nessa minha trajetória. *Os compromissos* relatados pelo autor no livro são baseados na sabedoria ancestral tolteca. Essa sabedoria prega uma relação harmoniosa e de reciprocidade com tudo aquilo que nos rodeia. Para tanto, devemos nos desprender dos antigos hábitos que nos levam a uma vida repleta de sofrimento. Sofrimento que na maioria das vezes nós mesmos buscamos. Os *quatro compromissos* citados pelo autor têm como objetivo nos fazer refletir sobre esses hábitos e nos livrar deles. São eles:

1) Ser impecável com a palavra

Você já deve ter ouvido falar que não somente os pensamentos, mas também as palavras têm poder. É por meio da palavra que tudo se manifesta – nossos sentimentos, nossos sonhos e as nossas intenções para a vida. Portanto, vigie tudo que sai da sua boca.

2) Não levar nada para o pessoal

Para o autor, se você se ofende com facilidade ou assimila o que está sendo dito, você concorda e acredita no interlocutor. Quando a pessoa não confia em si mesma, ela passa a acreditar no que as pessoas dizem sobre ela. O autoconhecimento nos ajuda a entender o nosso verdadeiro "eu", quem realmente somos, sem se importar com aquilo que os outros pensam ou deixam de pensar de nós.

3) Não tirar conclusões precipitadas

Quase sempre, ao invés de perguntar ou esclarecer sobre algo com que estamos intrigados, tiramos conclusões precipitadas. E o pior, levamos essas conclusões como uma verdade. *Compreender primeiro para depois ser compreendido.* Stephen Covey dedicou uma parte de seu livro *Os sete hábitos das pessoas altamente eficazes*[26] para falar a respeito desse tema. Resumindo, antes de tirar conclusões precipitadas, aja com empatia, se coloque no lugar do outro antes de proferir um julgamento.

4) Sempre dê o melhor de si

Dar o melhor de si é simplesmente estar focado na sua ação, ou seja, você faz isso independentemente da recompensa. Essa é a diferença das pessoas de sucesso. Elas não fazem apenas pensando no dinheiro ou em ganhar algo em troca, mas pelo "sentido" que aquilo lhe traz. Dar o melhor sempre faz o universo conspirar a seu favor.

Li muitos livros bons, a maioria indicados por pessoas que se tornaram fontes de inspiração. Essas pessoas foram sendo apresentadas a mim nessa minha caminhada de autoconhecimento. No final deste livro, dividirei com vocês essas obras maravilhosas.

Os *documentários* e *vídeos motivacionais* foram outras fontes de inspiração. De início, eu não sabia nada (nadinha mesmo!) sobre *propósito de vida*. Não sabia do que se tratava, nem como poderia encontrar o meu. Um dos grandes esclarecedores do assunto foi Deepak Chopra. Assisti muitos vídeos e entrevistas dele explicando sobre o verdadeiro significado do tema propósito. Um vídeo muito interessante é uma palestra sobre seu livro *As sete leis espirituais do sucesso*[27], disponível no YouTube.

Outro documentário que sempre recomendo é "Eu não sou o seu Guru", de Tony Robbins[28]. Nele, você vai conhecer os bastidores de um dos seus mais disputados e famosos seminários – "Encontro com o Destino". No documentário, Robbins, um dos mais famosos *coaching* do mundo e um dos pioneiros em *Programação Neurolinguística*, ajuda os participantes a entender a raiz de seus traumas e como lidar com eles e, por consequência, a encontrar o verdadeiro sentido para a vida.

Filmes? Assisti muitos, e ainda assisto, com o objetivo de aprendizado. Se você acha a vida difícil, então assista *Estrelas além do tempo*[29]. Trata-se da história de três mulheres negras, que mesmo vivendo na época da segregação racial nos Estados Unidos fizeram história como funcionárias da Nasa, e ajudaram a levar o homem para o espaço.

O poder da vida, Desafiando gigantes, A cabana, A cor púrpura, Mãos talentosas, Feitiço do tempo, Estrelas além do tempo, Duas vidas... Foram tantos filmes inspiradores. Você mesmo deve conhecer alguns. O importante é sempre procurar tirar uma lição de cada um deles.

Livros, filmes e documentários podem nos ajudar a despertar aquele "nosso melhor" adormecido. Mesmo tendo vidas diferentes uns dos outros, estamos todos conectados. Por vezes, a cegueira frente aos problemas não nos faz enxergar nada além do nosso próprio umbigo. Por isso, ler ou assistir histórias como a de Louise

Hay ou do Dr. Ben Carson pode nos ajudar a refletir como nossos obstáculos são pequenos frente aos de outras pessoas.

3) Cursos de autoconhecimento

O que não falta são cursos presenciais ou online que abordam o assunto *autoconhecimento*. Em particular, dois cursos foram fundamentais na busca do meu "Eu Interior". Foram eles:

Astrologia

A Astrologia[30] – do grego *astron*, "astros", "estrelas", "corpos celestes", e *logos*, "palavra", "estudo" – é conhecida como o estudo das posições relativas dos corpos celestes, as quais podem trazer informações sobre as relações humanas e outros assuntos relacionados à vida do ser humano. É considerada pela comunidade científica como uma pseudociência. Ou seja, mesmo tendo como base fatos científicos, não resulta da aplicação de métodos científicos.

Consta nos mais antigos registros da história que a Astrologia surgiu no terceiro milênio a.C., e teve um importante papel na formação de grandes culturas. Sua influência vai desde o estudo da Astronomia até os antigos *Vedas* – uma das escrituras mais antigas da humanidade, considerada patrimônio cultural da Índia e instrumento que pode ser usado para análise e entendimento da personalidade humana. O psiquiatra e psicoterapeuta suíço Carl Gustav Jung estudou a Astrologia por anos. Uma das teorias em que mais se aprofundou foi a teoria da *Sincronicidade*, que usa a Astrologia como ferramenta de estudo. Falarei do assunto *Sincronicidade* no capítulo 6.

Devemos lembrar que, antes de nos depararmos com toda essa tecnologia atual, os povos antigos usavam os Astros e a Lua como resposta para vários assuntos; desde pessoais até de sobrevivência – como, por exemplo, a agricultura.

A Astrologia possui variações ou tipos[31]:

Astrologia Ocidental: versão mais praticada e conhecida, que usa o Zodíaco tropical como referência, medido pelo movimento do Sol.

Astrologia Chinesa: leva em consideração a posição de Vênus, Júpiter, Marte, Saturno e Mercúrio, junto com o Sol, a Lua e os cometas. Acredita-se que esses elementos, alinhados com o momento do nascimento, podem determinar o destino de uma pessoa.

Astrologia Indiana ou Jyotish – Jyotish é um termo em sânscrito que significa "Senhor da Luz" ou "Ciência da Luz". A essência desse estudo está na espiritualidade. É extremamente detalhista. Realiza previsões e propõe tratamentos para a diminuição da dor e do sofrimento que possam estar traçados no mapa astral do indivíduo.

Astrologia Asteca: originária da civilização Maia. Esta variação da Astrologia associa a posição solar e lunar com o momento do nascimento do indivíduo. É composta por 12 signos, representados através de animais, vegetais e símbolos sagrados.

Sempre fui fascinada pela Astrologia. Tinha comigo que através dessa "pseudociência" seria possível encontrar algumas respostas para vários questionamentos ligados a minha personalidade e à das pessoas ao meu redor. Foi então que comecei a me aprofundar sobre o tema.

Muitos não veem com "bons olhos" a Astrologia. Por falta de conhecimento, a enxergam de forma simplista e supersticiosa. No entanto, ela vai além dos horóscopos de jornais ou previsões das últimas páginas de revistas femininas sobre seu signo solar.

Penso que temos de ter cautela com as previsões feitas para um determinado signo destinadas a milhares de pessoas diferentes de nós. Apesar de termos nascido no mesmo mês, ou talvez no mesmo dia, viemos ao mundo em horários distintos. Os astros e planetas estavam posicionados de maneira exclusiva para cada um de nós. Somos únicos. E por isso nossa personalidade e aspectos astrais não poderiam ser iguais. Seria uma previsão muito generalizada.

Por isso, recomendo, como forma de autoconhecimento, que conheça um pouco mais sobre os aspectos astrológicos da sua existência. Somente um astrólogo saberá interpretar seu mapa astral, levando em consideração as características do seu signo, elementos que o compõem e os planetas que regem a sua vida.

O horóscopo vai além daquela simples previsão do signo solar. Ele é também chamado de *carta natal, mapa natal, mapa de nascimento ou carta astrológica*, e trata-se do principal instrumento da Astrologia. Este mapa representa a posição dos corpos celestes vistos de determinado local, que podem variar desde o centro da Terra à sua superfície, até ter o sol como ponto central.

Nos dias atuais, tenho visto as pessoas mais abertas a ensinamentos que vão além da comprovação científica. Elas procuram entender o ser humano além do corpo material que o envolve. A Astrologia é um desses instrumentos que podem nos trazer esse entendimento.

No *mapa astral* são considerados não somente o seu signo solar, mas também o signo ascendente e lunar. Além disso, todos os 12 signos regem as casas astrológicas destinadas para cada aspecto da nossa vida – amor, trabalho, dinheiro, família e, principalmente, missão de vida. Como você pode ver, é muito mais complexo do que imaginamos.

Existem alguns sites especializados que montam o seu mapa astral com base nas informações-chave: *data e hora de nascimento*. Eles fornecem informações que podem lhe ajudar a conhecer melhor a sua personalidade e os aspectos astrológicos que permeiam a sua vida. Um deles é o *Astrolink*. ("Dê um Google" para encontrar!)

Mas nada se compara a ter o seu mapa feito e analisado por uma pessoa que dedicou parte da sua vida a estudar o tema. Antes de saber mais sobre a influência do Sol, da Lua e dos planetas na minha vida, me interessei em fazer um curso online básico de Astrologia ministrado pelo astrólogo que fez o meu mapa astral.

Conhecer um pouco mais sobre a Astrologia e ter consciência que sou um ser único no universo me deixou fascinada por essa "pseudociência". Foi surpreendente ver como o astrólogo previu fatos sobre a minha vida e a família, sem nunca ter me conhecido. Isso tudo, apenas analisando os planetas na hora e data do meu nascimento.

A Astrologia nos apresenta nossa trajetória de vida, nossos desafios, como devemos superar os obstáculos e nos desenvolver para chegar ao nosso "Topo do Céu" ou "Meio do Céu". O "Topo do Céu" é conhecido como o final da nossa jornada na Astrologia. É o objetivo a ser atingido. Por essa razão a importância de descobrir o seu propósito. É ele que o conduzirá nessa jornada para a realização final.

A Astrologia me ajudou a confirmar o meu propósito – a escrita –, além de me apresentar quais seriam os desafios a serem encarados para chegar ao meu "Topo do Céu". Principalmente aqueles ligados ao meu relacionamento. Não à toa meu primeiro livro foi *Os opostos se distraem*.

Quando o astrólogo me perguntou: *O seu marido é de touro?*, eu respondi: *Não, ele é de gêmeos. Mas aqui diz que ele tem influência de touro*, ele insistiu. E continuou insistindo que o meu marido era do signo de Touro durante toda a leitura do mapa. O corrigi algumas vezes, mas, por fim, desisti. Até cheguei a pensar: *Eita, melou! Fiz todos os esforços para salvar o meu casamento, até escrevi um livro a respeito, e no final descubro que o meu marido não é a pessoa certa na minha vida!* Aquilo me intrigou. Foi então que decidi usar os conhecimentos básicos adquiridos no Curso de Astrologia para analisar o mapa do meu marido. Para minha surpresa, ele se encontra exatamente do lado oposto do meu mapa. Daí você me pergunta, gêmeos? Não, *touro*. Meu marido nasceu no dia 23 de maio, há exatamente dois dias após a virada do signo anterior – *Touro*! Por ter nascido nos primeiros dias de gêmeos, diz-se que ele se encontra no "1º decanato" (cada signo tem 30, e para cada 10 é considerado um decanato). Portanto, as influências de touro são marcantes na sua personalidade. Fiquei mais tranquila!

No meu mapa também apareceu claramente a escrita. Escrever seria meu *modus operandi* de compartilhar com as pessoas meu processo de transformação. Também me orientou no sentido de que precisaria aprender a lidar com as pessoas a minha volta para atingir o objetivo da minha missão de vida. Uma das mensagens dos astros e planetas era que eu deveria me livrar daquela força que impulsionava a tentar controlar tudo ao meu redor. E que deveria trabalhar mais minha "máscara de força", por vezes demonstrada na insensibilidade. Para isso, deveria dar lugar ao *amor*. Lembra da minha escala de valores? Tudo estava sincronizado.

Foi por esse motivo que o *amor* e a *compaixão* figuraram na posição de destaque da minha lista. E o meu mapa me apresentou qual seria o caminho para alcançá-lo.

Não estou dizendo que você precisa fazer o seu mapa astral para descobrir o seu propósito. Existem outros cursos que podem lhe ajudar a reconhecer o seu "Eu", levando-lhe de volta a sua essência.

O *Eneagrama* é um deles.

Eneagrama

Nunca tinha ouvido falar sobre *Eneagrama*, até o meu marido começar a fazer o curso e voltar para casa, digamos assim, diferente. Ele estava trazendo à tona assuntos que discutíamos, mas que ele quase nunca levava muito a sério. Tais mudanças despertaram a curiosidade em mim para conhecer o método.

Tão logo abriu uma nova turma, me inscrevi. Encantei-me desde o início. O *Eneagrama* me apresentou a verdadeira Jussara. Muito prazer! Ela se encontrava envolta de uma máscara "moldada" durante os meus 40 anos de vida.

O *Eneagrama*[32] é um ensinamento de mais de 5 mil anos, podendo ser encontrado em diversas tradições antigas, desde o judaísmo até o cristianismo. É uma ferramenta de autoconhecimento e consciência que nos faz repensar padrões de pensamento e os aspectos negativos da nossa personalidade. Em contrapartida, nos ensina a reconhecer e fortalecer os aspectos positivos. Ele é representado por uma figura geométrica de nove pontas, e cada ponta descreve um tipo diferente de personalidade.

Vejamos quais são as 9 "máscaras" descritas pelo Eneagrama.

• *Tipo 1 – O perfeccionista*: além de perfeccionistas, as pessoas desse tipo são muito exigentes. A raiva é o seu vício emocional inconsciente. Por serem muito exigentes, não são pessoas fáceis de agradar. Apegam-se aos mínimos detalhes, e por isso são muito críticas. Por outro lado, são esforçadas, bastante organizadas e batalhadoras. Gostam de ser independentes.

• *Tipo 2 – O amigável*: as pessoas desse tipo costumam ser muito amigáveis e gostam de agradar os outros. Esse é seu ponto fraco, preocupam-se mais com os outros do que consigo mesmas. O orgulho é seu vício emocional. Por serem tão solícitas, acreditam que são autossuficientes. Gostam de ajudar, mas não gostam de pedir ajuda. São carismáticas e queridas no meio em que vivem.

• *Tipo 3 – O bem-sucedido*: o principal objetivo dessas pessoas é prosperar. Vivem correndo atrás do sucesso. A mentira é o seu vício emocional. Mentem para criar uma imagem falsa de si mesmas e conseguir chamar a atenção das pessoas. São vaidosas e visam o reconhecimento, por isso procuram se relacionar com pessoas de seu interesse.

• *Tipo 4 – O romântico*: são pessoas sentimentais, sensíveis e instáveis. Mudam de humor de forma repentina e seu vício emocional é a inveja – por causa da sua insatisfação constante. São românticas, criativas, no entanto pouco objetivas. Têm tendência para a arte, pois esta as ajuda a expressar seus sentimentos.

• *Tipo 5 – O observador*: pessoas desse tipo são observadoras e individualistas. Têm como vício emocional a avareza, pois temem perder algo, ou pelo medo de gastar. São pessoas reservadas e analíticas, tornando-se ótimas planejadoras. Devido a seu individualismo, tendem a ser autossuficientes e medrosas.

• *Tipo 6 – O cuidadoso*: são pessoas que desconfiam de quase tudo, por temerem que algo de ruim aconteça. Devido essa personalidade são inseguras e evitam arriscar. Seu vício emocional é o medo. Intitulam-se realistas e cautelosas, costumam questionar qualquer intenção alheia. Apesar de serem contestadoras, são alegres e corteses.

• *Tipo 7 – O sonhador*: as pessoas desse tipo são otimistas e bem-humoradas. Pela sua alegria e entusiasmo, são pessoas muito agradáveis. Devido sua busca por prazer, têm como vício emocional a gula. Entendiam-se com facilidade, e por isso não gostam de regras, padrões e rotinas. Não conseguem ficar paradas, e sempre estão procurando algo para fazer que lhes agrade.

• *Tipo 8 – O desafiador*: são aquelas pessoas que gostam de ação. Por terem facilidade em mandar e liderar, costumam ser autoritárias. A luxúria tende a ser o seu vício emocional, devido a necessidade de dominar os outros. São de certa forma insensíveis, ligadas à força, ao poder e à justiça. Falam o que pensam e se consideram realizadoras.

• *Tipo 9 – O mediador*: os indivíduos do tipo 9 não gostam de confrontos. São tranquilos e o vício emocional é a indolência, ou seja, devido sua tranquilidade e indecisão, gostam de adiar tarefas. São pessoas mais lentas, mas muito agradáveis e carismáticas. Não são competitivas e gostam de manter a paz.

Sou do tipo 8. E você, em qual desses você acredita se encaixar?

Para conhecer o seu tipo, sugiro fazer o curso presencial de Eneagrama. Procure uma pessoa qualificada na sua região. Ela o ajudará a descobrir sua personalidade e o caminho de volta para a sua essência. Existem vários testes na internet, mas são de caráter muito superficial.

A descrição dos tipos acima foi um breve resumo das personalidades estudadas pelo Eneagrama. Quando passamos a nos conhecer melhor – nossa personalidade e vícios – podemos atuar de forma positiva para melhorar essas características moldadas com o passar do tempo.

George Ivanovich Gurdjieff, filósofo armênio que ensinou filosofia do autoconhecimento profundo no começo do século passado, foi o responsável por transmitir os ensinamentos do Eneagrama para o Ocidente. O filme *Encontro com homens notáveis*[33], adaptado de seu livro, relata a sua jornada para encontrar a Irmandade Sarmoung, que, segundo os sábios da época, conhecia a "verdade" sobre a nossa existência.

Para Gurdjieff, é necessário desenvolver o "conhecimento de si" por meio da "observação de si". Somente desta forma o homem poderá conhecer a si mesmo.

O meio em que vivemos possui grande influência na concepção de nossa personalidade, ou máscara – como o Eneagrama define. Para sermos aceitos pelos nossos pais, pela sociedade em que vivemos, na escola, no trabalho, vamos perdendo a nossa essência – quem de fato nós somos.

O *Eneagrama* nos leva a confrontar essa personalidade responsável por nos fazer sofrer. Ela nos induz a interpretar um personagem apenas para agradar as pessoas ou o nosso ego. Nessa fase, nos olhamos no espelho e não conseguimos nos reconhecer mais. Começamos a culpar tudo e todos pelos nossos fracassos. Nos vitimizamos, paramos de sorrir, e, por fim, damos espaço para a depressão. Nesse estágio, muitos precisam ser medicados, acreditando que o remédio irá curar anos de "interpretação". É possível que, por algum tempo, o remédio trará alívio, mas ele fatalmente se tornará um vilão, passando a controlar a sua vida.

Durante o curso, várias "fichas" foram caindo. Recordei-me tanto das influências que me levaram a ser aquela pessoa forte e confiante quanto das que faziam de mim uma pessoa insensível e intolerante. O Eneagrama foi mais uma ferramenta de confirmação do meu propósito.

Lembre-se que estou lhe apresentando a minha jornada de autoconhecimento. Cabe a você perceber se os mesmos cursos ou técnicas preencherão sua busca pessoal. Pesquise bastante a respeito e, quando encontrar algo que toque o seu coração, siga. Confie na sua intuição.

4) Dar um tempo para si; não fazer nada

"Não fazer nada" ou "dar um tempo para si" é como adiar alguma coisa, sem culpa. É ver um filme à tarde, tirar aquela soneca gostosa, dar uma volta no parque com um livro em mãos (Talvez até volte sem ler uma única página, porque a paisagem não deixou), balançar na rede, enfim, fazer tudo isso sem ficar com remorso pensando no que deixou de ser feito. É escolher um dia ou algum momento do dia para não fazer nada por mera obrigação.

Normalmente, as pessoas sentem-se incomodadas em ficar paradas sem nada a fazer. É preciso estar pensando em algo, fazendo alguma coisa. A cabeça a mil não para um segundo. É quase palpável a agitação. Para elas, essa é a forma correta de se viver. Produzindo, sempre. Já fui assim, infelizmente.

No meu caso, esse sentimento de agitação me acompanhou por um período quando decidi me tornar escritora. Tinha flexibilidade de horários, mas "dar um tempo" ainda me assustava.

Uma das atividades inerentes ao escritor é ler e pesquisar muito. No entanto, quando eu parava no meio do dia para ler, mesmo que fosse como fonte de informação para o meu livro, eu me sentia culpada. No meu subconsciente ler era uma atividade de lazer e não de trabalho. E daí se fosse? Afinal, eu estava em processo de autoconhecimento e aprendizado. E ainda estou.

O mais engraçado é que, quando perguntavam a minha profissão, eu tinha receio de dizer que era escritora. Era nítido na feição das pessoas: "Ela deve ter tempo de sobra".

Estamos condicionados a sair de casa para trabalhar (com horário marcado para entrar e sair) e quando nos sobra tempo, e flexibilidade para fazer algo para nós, geralmente sentimos culpa.

Por acaso você é daquelas pessoas que "engolem" o almoço em segundos? E para completar, aproveita os minutos restantes para "adiantar" algumas coisinhas, ao invés de aproveitá-los para fazer uma digestão tranquila? *"Não tenho tempo a perder com 'siesta'"*, pode estar pensando. Ok, mas se não tem tempo para você, recomendo abandonar este livro. Porque vamos falar cada vez mais sobre *dar importância a você*, acima de tudo. Autoco-

nhecimento é saber se valorizar, e isso inclui decidir "não fazer nada" de vez em quando.

E qual o melhor dia para praticar o *Dolce far niente*?

De preferência naqueles dias em que o estresse atingiu magnitude máxima na Escala Richter. Dias em que parece que tudo está conspirando com efeito contrário. Aquele dia que você está prestes a apertar o botão do "Dane-se". Esse é o dia ideal. Mas, também, pode ser um dia escolhido por você para se inspirar. Esses momentos são ótimos para aflorar a imaginação.

Dolce far niente é uma expressão muito usada na Itália. Você já deve ter ouvido essa frase no filme *Comer, rezar e amar*[34], interpretado pela atriz Julia Roberts. O filme conta a história de transformação da escritora Elisabeth Gilbert, que ficou famosa em todo o mundo com seu livro adaptado para o cinema. Em sua passagem pela Itália, seus amigos italianos a ensinam o prazer de "não fazer nada". Gilbert confessou que se sentia culpada porque já estava na Itália por três semanas e tinha aprendido apenas algumas palavras de italiano. Em contrapartida, tinha se fartado da boa comida do país. Os amigos rebateram que ela se sentia culpada porque era americana. Para eles, os americanos sabiam se entreter, porém sem sentir prazer. Diferente dos italianos, quando decidem não fazer nada, não sofrem e o fazem com total deleite. O entreter, neste caso, é fazer algo apenas por fazer, sem ter um verdadeiro sentido para isso. Ao contrário de fazer certas coisas apenas para agradar alguém, para agradar o ego, por obrigação, ou porque foi induzido a fazê-lo (isso me fez lembrar os alienados de plantão!). Os meios de comunicação de massa são ótimos para nos induzir também.

Sabe quando você perde algo, e fica desesperado procurando, mas nem sinal do objeto perdido? Parece até que, quanto mais estressado fica tentando encontrar, mais o material se "esconde". Nessa hora, o melhor é deixar de lado. Já percebeu que, quando você desiste, logo em seguida o objeto aparece? A mesma coisa é quando você está preocupado com algum assunto, seja ele pessoal ou profissional. Se você ficar martelando, pensando cada vez mais nas coisas negativas a respeito, mais a solução vai se afastar de você. São nesses momentos de *Dolce far niente*, ou "a doçura de não fazer nada" que as ideias surgem e soluções para os problemas aparecem milagrosamente.

Veja o que Einstein dizia: *"Penso 99 vezes e nada descubro; deixo de pensar, mergulho no silêncio, e a verdade me é revelada [...]. Precisamos tomar cuidado para não fazer de nosso intelecto o nosso Deus. Ele tem músculos poderosos, mas não tem nenhuma personalidade [...]. Realidade é meramente uma ilusão, embora bastante persistente [...]. A imaginação é mais importante do que o conhecimento [...]. Uma pessoa só começa a viver quando consegue viver fora de si mesma".*

Quando você não sabe ao certo qual o seu propósito, "não fazer nada" pode operar milagres. É preciso dar um tempo para a mente de vez em quando para que novas energias e conexões se reestabeleçam. Agora se você decidiu deixar o seu emprego e sair desesperado procurando outro sem saber ao certo o que deseja fazer, vai entrar novamente naquele círculo vicioso. O mesmo círculo que quase entrei no começo da minha nova carreira como escritora. Por várias vezes, quando minha mente estava divagando demais, parava de escrever e escolhia uma das minhas atividades *Dolce far niente* preferidas: sentar no sofá para ler um livro, sair para ir ao parque perto de casa, sentar no quintal para tomar sol com os meus cachorros. E não pense que eu passava horas assim. Não. Bastavam-me 30 minutos, no máximo uma hora, para retornar à escrita revigorada.

No período que estava no processo de despertar e descoberta do meu propósito, batia cartão no parque próximo de casa todo sábado de manhã. Levava os meus cachorros para brincar.

Enquanto eles corriam para lá e para cá, eu ficava contemplando as árvores sem pensar em nada. Só saía do meu transe quando o Tim e a Mel saíam do meu campo de visão. Permanecíamos lá por aproximadamente uma hora. Tempo suficiente para recarregar minha bateria.

Temos que parar de viver no automático. Por isso, quando se sentir atribulado, com uma lista imensa de coisas pra fazer, pare um minuto. Faça algumas respirações profundas. Vá tomar uma água, um café, dar uma volta, qualquer coisa para refrescar a cabeça.

Agora um alerta. Fique atento para não ficar viciado em "não fazer nada", adiar os compromissos importantes ou deixar de focar no seu propósito. Nesse caso, já não é *Dolce far niente*, mas uma forma perniciosa de preguiça. E isso não é nada proveitoso.

5) Vigiar as emoções

"Ainda sinto raiva', disse Mack. *'É claro que sente, mas vai precisar repetir isso mil vezes até que se torne mais fácil'*, disse-lhe Papa". Esta frase faz parte do filme *A cabana*, do romance de William P. Young[35] adaptado para o cinema. Ela me tocou profundamente na segunda vez que o assisti.

Mack é o pai da garotinha Myssi, assassinada durante a viagem de acampamento dele com os filhos. Com a ajuda "divina", ele passa por um processo para entender os motivos da morte da filha pequena. Quando chega o momento de perdoar o assassino, ele confessa para "Deus" (Papa) que continuava sentindo raiva.

É uma cena de ficção, mas não está longe de representar a realidade. O autor captou e transmitiu em seus personagens a essência humana e suas falhas. Em especial, essa parte me ensinou que, quando queremos transformar nossas vidas, temos que aprender a perdoar. E mesmo que os sentimentos de raiva ainda permaneçam, temos que repetir o ato do perdão até que eles se dissipem.

Sou uma pessoa muito intensa. Tenho uma personalidade forte e controladora. O meu maior desafio ainda é lidar com certos sentimentos. Para mim, ainda faz parte de um trabalho constante. Passei a notar que esperava o momento de estresse para controlar minhas emoções. Definitivamente, não estava funcionando. Foi então que me veio um *insight*. Antes de tentar controlar meus sentimentos, eu deveria primeiro vigiá-los. A partir daí, passei a ter mais sucesso.

Vivo em constante vigília. Principalmente quando sei que naquele dia vou me deparar com alguma situação ou alguém que exigirá um maior controle emocional. Não nego as minhas emoções, apenas as aceito e procuro entender o motivo que me deixou naquele estado. Assim, tenho mais êxito em não sair do controle.

Para isso, tenho alguns artifícios que uso para sair de um estado negativo para um positivo.

- Ouvir música e começar a dançar.
- Pensar em um dos dias mais felizes da minha vida.
- Afirmação positiva em frente ao espelho.
- Abraçar e brincar com os meus cachorros. (Isso eu adoro. E é muito eficaz!)
- Parar o que estou fazendo e fazer respirações profundas mentalizando um mantra que eu goste.
- Repetir o mantra "OM".
- Ler algo motivador, tal como: mensagens curtas de sabedoria, Instagram com enfoque espiritual.
- Ver um vídeo motivador no YouTube.
- Abraçar o meu marido. Dizer que o amo.
- Tomar uma taça de vinho e pensar em algo simples para comemorar. Que tal a vida!?
- Assistir algum programa de culinária ou viagens.
- Assistir algum documentário interessante na TV paga.
- Escrever o que estou sentindo no meu diário.

• Correr na esteira ouvindo música. Em seguida, sair da esteira e começar a dançar em frente ao espelho.

Essas são algumas das atividades que me ajudam a elevar minha baixa frequência. E se por acaso me sinto mais introspectiva, sem motivos aparentes, o considero como um sentimento de purificação. Eles costumam me deixar um pouco pra baixo, mas não depressiva. Por isso, me permito senti-lo. Apenas observo ou aplico uma das "técnicas" acima. Sei que vai passar. E no outro dia vou estar bem. Eu não o nego, apenas sinto.

Durante a semana somos bombardeados com uma série de emoções: ansiedade, alegria, frustração, entusiasmo, gratidão, solidão, tédio, amor, humor... enfim, são muitas sensações que nos acomete. Uma forma eficaz de lidar com as sensações negativas não é as negando, mas as encarando como uma forma de alcançar aquilo que desejamos. Veja esse sentimento como uma forma de ir de encontro ao verdadeiro motivo que lhe deixa nesse estado. Ele pode ser o trampolim para a solução. Encaro os sentimentos mais introspectivos como uma forma de catarse, ou seja, de expurgar todas as memórias do passado que ainda tentam travar a minha evolução.

Desde que passei a vigiar as minhas emoções, passei a me reconhecer mais. Naqueles dias que percebo que não estou muito bem, coloco um sorriso no rosto (mesmo que forçado!) e repito várias vezes na frente do espelho que o meu dia será maravilhoso e iluminado. Caso sinta que é um momento de catarse, fico mais quieta. Escuto os meus mantras e sons de alta frequência enquanto escrevo.

É assim que funciona. Faz parte da vida lidar com pessoas ou situações que exigem de nós uma certa tolerância. Você pode dizer: "Eu escolho com quem convivo". Será? Próximo de você tudo bem, mas e no trabalho, no supermercado, na escola etc.?

Como você lidaria com aquele atendente de supermercado de cara amarrada? Do tipo: "CPF na nota Sr. ou Sra.", é só o que ele sabe repetir. Em outros tempos, eu fecharia a cara também. Entraria no jogo dele. Eu o chamo de "jogo da imitação". A pessoa fecha a cara, você fecha a cara. Ela começa a reclamar, você entra no "clima". Que troca de energia, não? Me cansei desse jogo. Faço a minha parte. Dou o meu bom dia, boa tarde ou boa noite. Se a pessoa responder, tudo bem, se não tudo bem também. O meu estado de espírito e a minha energia estão "sob o meu controle".

Quando vou me encontrar com alguém eu procuro chegar com uma energia positiva, sorriso no rosto. Meu desejo é contagiá-lo. Faço a minha limpeza com o *Ho'oponopono*. *Que a divindade que está em mim limpe e purifique esse ambiente e o meu encontro com essa pessoa*. E se o clima começar a ficar pesado, sigo rezando as palavras do *Ho'oponopono*: *Sinto muito. Me perdoe. Eu te amo. Sou grata.* Elas são poderosas.

Agora, se a pessoa exigir muito da sua paciência, sugiro fazer conforme orientação do Dalai Lama: *"Olhe para a pessoa que lhe causa aborrecimento e tire proveito da oportunidade para controlar a própria ira e desenvolver a compaixão. Entretanto, se o aborrecimento for muito grande ou se você achar a pessoa tão desagradável que seja impossível aguentá-la, talvez seja melhor sair correndo!"*

Saiba que eu já saí correndo muitas e muitas vezes!

5
O PODER DA AÇÃO

*Você nunca sabe que resultados virão
da sua ação. Mas se você não fizer
nada, não existirão resultados.*
Mahatma Gandhi

É hora de agir

Depois que você decide deixar aquela vida de insatisfação e
sair em busca de autoconhecimento, agora sim, está na hora de
partir para a *ação*.

E digo, *ação* de verdade!

De certa forma, você já começou a agir quando refletiu sobre
abrir mão das velhas crenças.

O momento de ação ao qual me refiro está ligado a movimentar
as coisas ao seu redor para atrair o seu *propósito* ou reafirmá-lo –
caso você já o tenha encontrado.

Agora, se você ainda não começou a agir é porque ainda tem
dúvidas. Não decidiu realmente. Se este é o seu caso, "volte uma
casa". Ou melhor, volte um capítulo. Continue seu processo de
autoconhecimento. Leve a sério esta fase que está passando. Não
desista. Acredite e confie. É a sua felicidade que está em jogo.
De ninguém mais.

Somente sabendo quem realmente você é, quais suas habilidades e o que sempre gostou de fazer (mas nunca deu muita importância, porque ganhar dinheiro era mais importante!), que encontrará seu verdadeiro *propósito de vida*.

Não se aflija. Tudo a seu tempo. Lembre-se que está num processo de aprendizado, de reconhecimento, e isso não acontece de um dia para o outro. Preste atenção se não está arrumando desculpas para não mudar. Você não poderá ficar nesse estágio para sempre. Se estiver postergando suas ações, é porque tem medo de agir.

Observe se não está protelando sua felicidade por puro medo do que está por vir, por apego a "segurança" e a "estabilidade", disfarçadas de "barreiras" que lhe deixam pra baixo, com um "vazio" por dentro. No fundo, você sabe o que tem que ser feito, mas esse medo lhe paralisa.

No filme *Desafiando gigantes*[36], o treinador Grant Taylor está passando por uma crise pessoal e profissional. Em seis anos como técnico de futebol americano não havia conseguido levar seu time para as finais. Criticado, ele está prestes a desistir. No vestiário, ele encontra com um senhor que reza praticamente todos os dias para a equipe e os atletas do time. Ele decidiu parar e pedir um conselho. O senhor lhe conta a seguinte parábola: *"Dois fazendeiros rezavam para chover, pois dependiam da chuva para plantar. Enquanto rezavam, um foi preparar a terra e o outro apenas se dedicou às orações, esperando pelo milagre"*. Então ele pergunta para Taylor: *Qual dos dois você acredita que foi abençoado? Qual dos dois você deseja ser?*

E você, qual dos dois "fazendeiros" você acredita ser?

Se não há esforço, não há energia suficiente para agir, nem "campo" para receber milagres. Somos cocriadores nessa caminhada de evolução. Então que façamos a nossa parte.

No fundo, as pessoas sabem como proceder para ter uma vida diferente, mas o vício aos velhos hábitos (televisão, comida e bebida em excesso, falta de atividade física, falta de amor-próprio, necessidade de agradar o outro) são mais fortes do que sua própria força de vontade. E assim, passam suas vidas culpando todos ao seu redor, acreditando que são vítimas de sua própria história.

Conforme já mencionei nos capítulos anteriores, usei o período que estava me desligando da empresa na qual trabalhava para me autoconhecer. A leitura, as técnicas de bem-estar e a vigília dos pensamentos foram e ainda são meus grandes aliados. Foi um período importante, pois foi a partir dessa fase que reuni forças necessárias para "preparar o meu campo" e agir. Tornar real tudo aquilo que resgatei dos meus sonhos de vida.

A seguir vou relatar as ações que tomei. E reafirmo, as atividades relacionadas no capítulo anterior sobre autoconhecimento foram fundamentais para reestabelecer o meu bem-estar físico e mental. Desde então, caminho de encontro ao meu "eu superior". E, através desse "eu", me reconecto com a minha missão de vida.

Vamos partir para a *ação*!?

Planejamento é importante

Planejar é importante, mas não se prenda em um planejamento sem fim. Senão, começará a pensar demais e acabar desistindo. Estudos afirmam que pessoas bem-sucedidas sabem bem quais são seus valores e não têm dúvida sobre o que querem de fato para sua vida. E, por esse motivo, são rápidas nas suas decisões. Ao contrário daquelas que vivem fracassando, mudando de ideia, pois não sabem o que querem e fatalmente demoram em suas decisões.

Paulo Vieira, em seu livro *Autorresponsabilidade*[37], diz que as pessoas de sucesso são aquelas que agem sem ficar planejando o tempo todo. Ele conta que em seus muitos anos como *coaching* encontrou com pessoas que passavam um bom tempo planejando, e outras que planejavam, mas com foco principal em agir. Quase sempre estas eram as que obtinham maior êxito.

Por isso, não me canso de repetir: devemos nos autoconhecer. Saber quais são nossos valores e habilidades. Ações como essas fortalecem a autoconfiança e nos tornam pessoas mais assertivas. Não encare esse processo como perda de tempo. Ele vai lhe ajudar a aflorar sua intuição, e a deixar de lado a aflição da dúvida.

Mesmo assim, planejar sua mudança de vida – de área de atuação, de emprego, de cidade, seja lá o que for – deve ser levado a sério. Principalmente sob o aspecto financeiro. Esse tipo de planejamento poderá lhe poupar frustrações. Particularmente, ajudou a me sentir mais tranquila. Assim, pude me dedicar à escrita.

Enquanto você vai se conhecendo, vai também se desligando aos poucos do apego material, porque sabe que tem um objetivo maior. Diminuir os gastos e poupar não foi nenhum sacrifício para mim. Eu só queria me certificar se haveria dinheiro suficiente para "bancar" o meu bem-estar físico e mental – continuar com o yoga, a terapia holística, alimentação saudável, fazer cursos e continuar comprando livros.

Sempre fui uma pessoa organizada financeiramente. Há algum tempo atrás, o controle de despesa era individual, com exceção das despesas da casa. Era discutido apenas os gastos em comum. Foi então que comecei a ler os livros do Gustavo Cerbasi. O primeiro foi *Casais inteligentes enriquecem juntos*[38]. E, em seguida, *O segredo dos casais inteligentes*[39]. Neste último, o autor aborda a importância de o casal fazer um planejamento em conjunto. Depois de algumas conversas com o meu marido, decidimos unir os controles.

Quando ficou certo que eu deixaria o emprego, passei a gastar menos com roupas, sapatos, e outras despesas encaradas como supérfluas naquele momento. Guardei toda reserva extra.

Essa minha atitude teve início em meados de 2015. Decidi tirar uma boa parte dos benefícios recebidos e poupá-los para amparar minha fase de transição. Naquele final de ano, avisei a família que os presentes de Natal seriam cortados por tempo indeterminado.

Tudo isso aconteceu com o total apoio do meu companheiro fiel – meu marido. De início, uma pergunta foi fundamental: *"Eu estaria disposta a aceitar uma mudança financeira na minha vida para alcançar algo melhor no futuro?"* E a resposta foi "sim", definitivamente.

Certas pessoas costumam dizer que dinheiro não é importante. Concordo parcialmente. Creio que a felicidade não se mede pela quantia que se ganha, mas, sim, está ligada ao amor-próprio e à educação – e não me refiro somente à acadêmica. Também acredito que a falta de dinheiro pode trazer certos transtornos. É preciso ter dinheiro para viver de forma digna. A falta de recursos financeiros acarreta uma série de dificuldades na vida das pessoas. Deixemos de ser hipócritas. A pressão psicológica pela falta de dinheiro afeta relacionamentos. Inclusive afetou o meu.

No entanto, uma visão equivocada é pensar que todos os nossos problemas serão resolvidos se tivermos muito dinheiro. Conheço pessoas que ganham um bom dinheiro, mas estão longe de serem felizes. Tem que ganhar dinheiro sim! Mas que ele seja consequência e não o objetivo principal. Que ele venha de algo que nos faça sentir realizados.

Então, por favor, não fique arrumando desculpas, como: "Tenho muitas despesas", "Tenho filhos", "Não consigo guardar dinheiro". Sempre é possível se organizar financeiramente quando se tem um plano. Será que é preciso sair para comer todo o final de semana? Trocar o carro todo ano? Sente com seu companheiro e veja quais despesas podem ser diminuídas ou eliminadas. Não sabe ao certo? Por acaso, vocês fazem algum controle financeiro? Então, que tal começar agora!

Na internet você encontra vários modelos de controle de despesas. Encontrei o meu no site da BMF&Bovespa. Ele é bem completo e fácil de usar. Se você se interessar, encontrará o link no final do livro.

Um lembrete: só não vá se privar de tudo! Reserve uma quantia para aqueles gastos que, caso eliminados, será depressão na certa. Apenas os diminua, mas não os elimine. Caso contrário, isso o deixará para baixo. No período de transição, ficar o mais positivo e confiante possível é importante.

A escritora Joanna Penn, em seu livro *Career Change*[40] (ainda não traduzido para o português), dá ótimas dicas de como organizar suas despesas nesse período de mudança de vida. Ela mesma passou por essa fase quando decidiu deixar a profissão de consultora de tecnologia da informação para viver da escrita. Veja as dicas a seguir:

1) Pensar antes de comprar

Quem nunca comprou uma calça ou aquela blusa que custou uma "fortuna" e que ficou meses, anos, no guarda-roupa, sem nunca ser usada? "Um dia eu vou usar." E esse dia nunca chega. Daí, não tem jeito, chega a hora do desapego e o item é doado. Mesmo assim, minutos antes da doação, ainda vêm aquele sentimento de esperar mais um pouco. "Talvez eu use." Mas não usa. Se está no armário há mais de 6 meses... simplesmente desapegue!

Por isso, antes de cair na tentação da compra inconsciente (principalmente, nessa fase de transformação), pense se você realmente precisa do item. Será que não está comprando apenas como uma forma de chamar a atenção das outras pessoas?

E se tem pouco controle com o cartão de crédito, o melhor é cancelá-lo. Ou então, diminuir o limite. Dessa forma, você terá que avaliar o valor da compra de acordo com o crédito disponível para a transação.

Uma boa maneira de gastar menos é fazer uma lista antes de ir às compras e se "apegar" a ela. Agora, se for apenas um item, pesquise, avalie, veja o melhor preço e negocie. Isso sim é pensar antes de gastar.

2) Controlar os gastos e analisar seu extrato bancário

Quando você decide controlar seus gastos, inevitavelmente, terá que analisar seu extrato bancário. Você costuma fazer isso? De três em três meses, eu presumo. O importante é saber se a conta está positiva ou negativa, certo? Errado! Se começar a analisar sua conta bancária todos os meses, talvez descubra débitos indevidos que você deixou passar. Cuidar dos seus gastos é uma ótima maneira de economizar.

Controlar os gastos permite avaliar quais despesas afetam mais o seu bolso. Assim, você pode elaborar um plano de redução ou eliminação deles. Por exemplo, eu diminuí as despesas com alimentação fazendo a feira e cozinhando em casa. Além de ser muito mais saudável, você sabe que o alimento está sendo preparado com todo cuidado e higiene, além, claro, de não cair em tentações. Antes, comíamos todo final de semana em restaurantes. Acabávamos nos alimentando mal, e isso refletiu na nossa saúde.

Saber quanto se ganha e quanto se gasta traz mais autonomia para sua vida. Isso é maravilhoso!

3) Disciplina com o dinheiro

Você já deve ter escutado que o dinheiro tem que nos servir, e não o contrário. A disciplina com o dinheiro está em *gastar menos do que ganha e saber poupar*. Quando você pratica essas duas ações, controla o dinheiro, não é ele que lhe controla. Estourar o cartão de crédito, pagar somente o mínimo da fatura, comprar sem avaliar, ter no armário itens comprados sem usar... tudo isso é falta de disciplina com o dinheiro e falta de respeito com você mesmo.

Dinheiro é uma forma de energia. Por isso, se você não cuida bem dele, ele vai fugir de você. E vice-versa.

Pesquisar áreas de interesse ou novas oportunidades

Cada um de nós tem algo que gostaria muito de fazer, mas, por causa do medo, da insegurança, "sufocamos" essa vontade.

Quando você se abre para o seu *propósito*, deixa aflorar habilidades e interesses deixados de lado devido às obrigações que a vida lhe impôs.

Já contei no começo do livro que, quando decidi mudar minha vida, eu não tinha a menor ideia de qual habilidade teria para um novo trabalho. Um trabalho que me desse prazer, sem ansiar pela sexta-feira ou me desesperar pela chegada da segunda. Só sabia que não gostaria de viver mais aquela sensação de insatisfação.

Depois de muito ler, pesquisar, me autoconhecer, relembrei os tempos de criança e adolescência, das leituras, da escrita nos diários. Já na fase adulta, quando pegava um livro para ler (raros momentos, devido à vida atribulada), cheguei a comentar com o meu marido que poderia escrever. Mas aí vinha a autossabotagem: *"Ah, mas é difícil publicar"*, *"São poucos autores que vivem de venda de livros"*. E tudo ficava em vontade e pensamento deixados de lado tão logo chegavam as contas para pagar.

Para a minha felicidade, publicar um livro passou a ser possível com a vinda da Amazon para o Brasil em 2012. A Amazon é pioneira na publicação de livros digitais.

Seria a minha grande oportunidade!

Tive várias dúvidas. Como escrever um livro? Que gênero escrever? Qual a estrutura necessária para montar uma história? Qual o público-alvo? Como publicar digitalmente? Será que as pessoas irão se interessar pela minha história?... Nossa, um turbilhão de emoções se rompeu dentro de mim: insegurança, incerteza, indecisão, confusão... Então, pensei que tudo tem um começo. Ninguém nasce sabendo. Até os pintores mais famosos da história foram se aperfeiçoando até descobrir o seu estilo. Picasso foi um deles. Começou a pintar copiando os grandes artistas até que, com a prática e a dedicação, se encontrou no cubismo.

Enquanto pesquisava sobre o ofício de escrever, tais lembranças sobre a dificuldade de publicar vieram à tona. Mas eu estava totalmente disposta a me "enfiar de cabeça" nesse novo ciclo de vida. E mesmo com aquele sentimento sabotador da incerteza dentro de mim, dentro do meu coração, eu tinha "certeza" que escrever era o meu propósito de vida. Como eu sabia? É como um *insight*, o "click" do momento como costumo chamar. Ele surge de repente. Sem avisar. *É isso! Gostaria de fazer isso. É o que sempre quis fazer. Algo me diz que é isso.* Você tem que estar aberto para esse momento. Livre de preconceito. Só o autoconhecimento vai lhe dar essa confiança.

Muitos não dão importância a esse chamado, o ignoram. Oprah relatou muito bem esse momento. Ela disse: *"O universo sempre fala conosco. Primeiro em sussurros, do tipo: "Hum, parece que isso não faz nenhum sentido". Ou "Hum, será que isto está certo?" São* insights *que num primeiro momento não fazem sentido algum para você. Mas se você não prestar atenção nesses sussurros, eles vão ficando mais altos, mais comuns, e se você não começar a prestar atenção neles, eles começarão a se tornar um assovio, que vai diminuindo aos poucos até cessarem"*.

Compreendi os sussurros no dia que tive o meu *click*. A partir de então, saí desenfreada à procura de informações. Li muito a respeito de escrever, pesquisei sobre escritores que já estavam no mercado. Fiquei aficionada pela vida deles. Pesquisei tudo sobre suas trajetórias de escritores, desde o início. Descobri que a maioria havia passado pelas mesmas aflições que as minhas. Sem exceção. Todos sofreram seus "perreios".

O aprendizado nesse período de pesquisa foi fundamental para que eu pudesse começar a elaborar a minha obra. Esse conhecimento inicial me ajudou também a pensar a respeito do gênero de livro que escreveria. Foi a partir daí que decidi escrever sobre o meu processo de transição e busca do meu propósito.

Então, se você já tem uma ideia do que gostaria de fazer, não deixe de pesquisar a respeito. Você verá que, quando for fazê-lo, as informações, as pessoas, tudo sobre o tema começará a se apresentar. É o universo conspirando para que você viva a sua missão de vida.

Mude seus hábitos, cuide do seu corpo

Cuidar de si mesmo é um ato profundo de *amor-próprio*. Se você faz as pazes consigo e começa a se conhecer, vai querer se cuidar. Louise Hay, Ahlea Khadro e Heather Dane afirmam no livro *Você pode ter uma vida saudavel*[41] que, *"se você enfrenta um desafio à saúde, a vida está convidando você a se amar"*.

Tony Robbins relata, em seu livro *Desperte seu gigante interior*[42], a experiência de um homem acima do peso que participou de um de seus seminários. Esse homem acreditava que os gordinhos eram pessoas mais espiritualizadas, mais próximas de Deus. Ele tinha a crença limitante de que o corpo era simplesmente um "veículo transitório".

Quando ele fez essa afirmação para Tony, o mesmo retrucou: *Acho que Deus ama realmente todo mundo... mas os gordos ele costuma metê-los no espeto para assar no fogo do inferno.* Era evidente que ele não achava isso. O intuito da declaração era interromper, drasticamente, o padrão de pensamento do rapaz. Em seguida, pediu para que ele pensasse em seu corpo não apenas como um veículo, mas também como um templo sagrado. E perguntou: *Como deve ser tratado um templo na sua opinião? Você meteria lá dentro porcarias?* O rapaz ficou pensativo durante todo o curso. Seis meses depois, Tony recebe o relato do mesmo rapaz dizendo que já tinha perdido 60 quilos. Ele confessou que, desde o seminário, todas as vezes que ele ia ao supermercado ou a algum restaurante ele se perguntava: *"Eu poria isso no meu templo?"*

Da mesma forma que você vigia seus pensamentos, tem que vigiar aquilo que coloca pra dentro do seu "templo". Seu corpo pode não lhe cobrar agora, mas irá no futuro.

A minha transformação demandou mudanças de hábitos, tanto alimentares quanto de bem-estar. Conforme já mencionei, a primeira iniciativa foi movimentar o corpo com a ajuda do yoga, depois vieram as sessões de terapia holística. Através da minha terapia holística descobri a alimentação ayurvédica – o alimento orgânico de acordo com o meu "dosha" e a grande variedade de temperos para estimular o meu "Agni" (fogo digestivo). Ah!, os temperos... hoje não vivo sem eles. E, claro, não poderia esquecer dos Ritos Tibetanos e a meditação, que fazem parte do meu dia a dia.

Sempre sofri com prisão de ventre. Sou "vata" (biotipo ou dosha, segundo a Ayurveda), e do signo de virgem. Ambos requerem cuidados com o aparelho digestivo – nosso "segundo cérebro". Para mim, um dia perfeito tem que ter uma "parada estratégica" no banheiro. De preferência, no período da manhã.

Segundo a minha *coaching*, toda mudança tem que ser *sistêmica*. Por isso, o olhar deve estar direcionado não somente para a mente e o espírito, mas também para o corpo. Como diz aquele velho ditado: "Mente sã, corpo são". Como eu conseguiria energia e inspiração para sair em busca do meu propósito se continuasse sofrendo com o desconforto da prisão de ventre? Não seria nada estimulante. Quem sofre com constipação sabe como é.

Os cuidados que tive comigo mesma me ajudaram a liberar o corpo e a mente do estresse acumulado de anos. Mudar os hábitos alimentares foi fundamental nesse processo de transição.

Não ligo para calorias, a minha preocupação é com a saúde. Não vou mentir que gosto de ter um corpo mais magro. Claro que gosto! Mas ele é consequência das escolhas que faço. Também não creio que a magreza seja sinal de saúde. Longe disso. Tem muita gente magra com problemas sérios de saúde. Elas estão ligadas mais à estética do que ao bem-estar. O mais importante é sentir-se bem e fazer uso de alimentos saudáveis.

Hoje, vemos uma "enxurrada" de doenças autoimunes acometendo as pessoas. A maioria consequência de uma vida estressante e da má alimentação. Elas se justificam colocando a culpa na hereditariedade. No entanto, foi comprovado que se pode alterar essa tendência adquirindo hábitos saudáveis. Somos uma sociedade que busca saúde quando estamos prestes a perdê-la. Não praticamos a prevenção. Nessa altura, a indústria farmacêutica comemora. Vai um remedinho aí? Sou encantada pela medicina chinesa e ayurvédica, tanto uma quanto a outra atua no agente causador da doença (o paciente), e não diretamente nela. Essas práticas milenares têm caráter preventivo.

Existem outros fatores que contribuem para doenças, além de uma alimentação deficiente:

1) cigarro;

2) abuso de álcool;

3) falta de exercícios físicos.

Por isso que o meu lema é: "Se não cresceu, evite comer!" Hoje quero saber se o alimento foi "cultivado" ou produzido artificialmente. Não estou nem aí se é *diet*, *light*, sem gordura trans, e sim se há vestígios de aditivos químicos e conservantes. Estes sim, matam lentamente. Para mim, a ida à feira passou a ser sagrada nos finais de semana. Ler os rótulos? Uma obrigação.

Inevitavelmente, alguma coisa passa – um docinho, uma cervejinha, um pãozinho de padaria... Sempre com parcimônia. Tudo com bom-senso, sem ser radical.

Encontre inspirações em outras pessoas

A inspiração para mim é um vício. Adoro conhecer histórias de superação, de pessoas que, mesmo com todas as adversidades, não deram ouvidos às críticas, nem se renderam à "normalidade", e por isso venceram. Elas não precisam ser pessoas famosas. Existem muitas próximas a nós que podem nos ensinar muito. Se você não conhece ninguém, preste atenção, pode estar rodeado de pessoas de "baixa vibração". Cuidado! "Semelhante atrai semelhante", é o que diz a Física Quântica.

Sempre que encontro alguém que esteja passando pela mesma situação que a minha – dúvidas sobre o seu propósito –, pergunto: *Qual pessoa bem-sucedida você admira?* Na maioria das vezes, poucas conseguem me responder.

Particularmente, tenho duas grandes inspirações: Oprah Winfrey e Gisele Bündchen. Ambas prosperaram e mantiveram suas imagens intactas. São celebridades que dificilmente você verá seus nomes associados a algo negativo. São modelos de superação e sucesso.

Gisele, por exemplo, me inspira pela sua busca pela espiritualidade, sua garra e disciplina. Sua beleza interior é mais fascinante do que a exterior. Na verdade, o seu "eu interior" é quem brilha. Seu engajamento pela paz, pela natureza, suas mensagens de amor, superam até o *glamour* que a rodeia. Gisele e Oprah são exemplos que dá pra ter muito dinheiro e ainda ser feliz seguindo o seu propósito. Aliás, o propósito de Gisele vai além das passarelas e das capas de revistas. Sua fama e carisma fazem dela uma mensageira do amor e da paz. Essa é a sua missão de vida.

Com relação à escrita, Paulo Coelho foi uma grande inspiração. Vejo muitos brasileiros metendo o pau nele. Dizem que sua escrita é fraca, muito simples. Mas tudo aquilo que ele escreveu há 20 anos continua sendo disseminado por vários leitores ao redor do mundo. Se a escrita dele é tão fraca por que será que o ex-presidente Bill Clinton, o ator Will Smith e a própria Oprah são fãs de sua obra? Por que será que ele já vendeu mais de 150 milhões de livros?

Devemos nos inspirar nos vencedores, não nos perdedores, nem tampouco nos medianos. Parece óbvio que devo sair à procura daquele que alcançou o sucesso de maneira sustentável. Vou pesquisar seus passos, suas estratégias de vencedor. Não deixo de observar também se suas ações refletem em outros aspectos da sua vida.

Outro escritor que me inspirou a escrever foi Stephen King. Ele é uma referência para os escritores de todo o mundo. Em seu livro *Sobre a escrita*[43], ele conta as dificuldades que passou (foram muitas!), mas nunca desistiu de escrever. Fiquei admirada com a sua dedicação. Mesmo durante a recuperação de um acidente grave, que quase lhe custou a vida, ele deu um jeito para voltar à sua rotina de escrita.

Você poderia se surpreender com os obstáculos que as pessoas de sucesso tiveram que enfrentar para viver plenamente seus propósitos. Carlos Wizard, por exemplo, um dos maiores empreendedores do Brasil, chegou ao "topo" depois de 25 anos de trabalho duro. Quando você acredita que a sua vida é difícil, não imagina o que outros tiveram que passar.

Mas qual seria o segredo dessas pessoas?

À primeira vista, passaram pelos obstáculos sem se deixarem abater. São otimistas. Creem que para tudo há uma solução. São pessoas que não ficam esperando as coisas virem até elas, elas vão ao seu encontro. Persistência, resiliência, determinação e foco são características predominantes nessas pessoas. A paixão pelo que fazem também é um ponto-chave para suas conquistas. Elas acreditam em seus propósitos e ninguém consegue desanimá-las. Além do mais, não se deixam influenciar pelos conselhos alheios, e sim na sua capacidade de chegar aonde desejam.

Sempre procuro histórias de pessoas inspiradoras para me lembrar de que nunca devo desistir dos meus sonhos. Faz-me relembrar que tenho uma jornada pela frente.

Essa tal "normalidade"

Preste bem atenção em tudo aquilo que você está encarando como normal. Pode ser difícil encontrar referências. A *normalidade* tomou conta das pessoas. Como um processo de autodefesa, nos acostumamos até com aquilo que não é bom. E achamos isso normal. "Do jeito que está, tá bom", "Nossa, vai dar um trabalho mudar", são frases típicas dos "normais". É mais cômodo ficar reclamando pelos cantos, nas rodas de bar, em casa, do que se posicionar e fazer algo a respeito.

Minha pergunta é a seguinte: *Até quando você vai conseguir suportar tudo isso? Até quando vai deixar essa normalidade tomar conta da sua vida? Como vai estar sua vida, seu trabalho, seu relacionamento com a família, sua saúde se não mudar esse seu "estado normal"?*

Convido-lhe a refletir a respeito. Tomar remédio para dormir. Outro para ficar acordado. Uma pílula para controlar a ansiedade. Mas é "normal", todo mundo toma, não é? Afinal, como vou me sentir acolhido se não compartilho com os meus colegas os santos remédios de todos os dias?

Essa *normalidade* me assusta.

Paulo Vieira, em seu livro *O poder da ação*[44], aborda o tema "vida normal" dando como exemplo um pai que chega em casa cansado, estressado, depois de horas trabalhando. Quando passa pela sala, o filho está sentado ouvindo música e acena para ele apenas com um levantar das sobrancelhas. E segue adentrando pela casa. A caminho do seu quarto, à procura da esposa, passa pelo quarto da filha. Ela está com os olhos vidrados no celular, teclando. Sabe que é o pai, mas diz apenas um "Oi", sem tirar os olhos do aparelho. "Jovens são assim mesmo. Vivem no seu mundo particular", pensa o pai encarando a reação dos filhos como sendo "normal". No corredor, se depara com a esposa. A esposa, sem olhar para ele, também com os olhos fixos no celular, pergunta: "Trouxe o pão?" É o primeiro diálogo desde que chegou em casa. Nem sinal de beijo ou de abraço. Lá de vez em quando acontece um selinho improvisado. Afinal de contas, são 20 anos de casados. Não existe mais cerimônia. Que casal se recepciona com um abraço caloroso e um beijo apaixonado no final do dia? Isso seria "anormal', e eles são "normais". Para finalizar, vai tomar seu banho. Volta para a cozinha e faz sua refeição sozinho.

As famílias atualmente são assim, "normais". Elas se acostumaram com essa vida a qual elas encaram como "normal".

Não sei você, mas eu não vejo nada disso como normal. Para mim, o "natural" seria: o pai chegar em casa, encontrar com o filho escutando música e os dois irem de encontro para um abraço e um "oi" amoroso. O pai segue pela casa, e tão logo a filha o vê, larga o celular e também o abraça de forma carinhosa. Ao se deparar com a esposa no corredor, ela o recebe com um beijo e um abraço apaixonado, e pergunta: "Como foi seu dia, amor?" Por fim, todos sentam para jantar juntos. Esse momento seria para comentarem como passaram o dia. Isso seria o "natural".

Quando li esse trecho no livro do Paulo Vieira, passei a pensar sobre as minhas próprias reações. O meu marido e eu sempre nos abraçamos e nos beijamos quando nos cumprimentamos. Comer juntos é sagrado, principalmente o café da manhã. Salvo exceções, devido algum compromisso, deixamos de compartilhar alguma refeição. Mesmo assim, percebi que às vezes entramos numa postura de normalidade. Isso acontece quando estamos muito atribulados com nossas obrigações. Sendo assim, decidi prestar mais atenção nas nossas reações "normais" a fim de corrigir e voltarmos ao estado "natural".

O mestre espiritual Srim Prem Baba chama essa normalidade de "Normose"[45]. Segundo ele, é um estado hipnótico no qual a pessoa acredita que a violência ao redor é normal, a corrupção é normal, contar aquela mentirinha de vez em quando é normal, a competição, o "gato" da tevê a cabo, furar fila... enfim, tudo é normal!

Porém, chega um momento em que tudo cai por terra, e as consequências de suas ações começarão a surgir. Segundo Srim Baba, pode se manifestar de várias maneiras: uma perda, uma doença, um acidente, uma frustração. *"Vida é movimento, e tudo está em constante transformação. Chega o momento em que a vida traz um desabafo que faz com que você queira se mover"*, diz ele.

Diante disso, convido-lhe a deixar de ser "normal". Que tal começar a ser mais "estranho"?

Foco, interesse, persistência

Como eu, você já deve ter pensado que as pessoas inteligentes têm mais facilidade em suas conquistas pela vida. Fico feliz em lhe dizer que estávamos enganados! Esse é um "pensamento fixo".

De todas as pesquisas que fiz sobre pessoas que alcançaram seus objetivos, a persistência ultrapassa o talento. O "pensamento de crescimento" as ajudaram nesse processo. Elas até se surpreendem quando chegam ao topo, pois não esperavam chegar tão longe. Afinal, faziam aquilo que gostavam e nem se importavam com os prêmios. Viviam os seus *propósitos*. Diferente dos indivíduos de "pensamento fixo", que prosperam somente se as oportunidades estão ao seu alcance. E se, por acaso, sentem que estão sendo desafiados, e isso testar a sua inteligência, elas desistem.

Quando comecei a escrever esse segundo livro, senti que estava perdendo um pouco o foco na escrita. Ficava muito tempo interagindo nas mídias sociais e postando. E quando percebia, o tempo já havia passado. Não estava conseguindo sentar e me concentrar para escrever. Ao invés de focar no mais importante – a escrita –, fazia outras coisas em paralelo. Foi então que me veio a ideia de pedir ajuda a uma amiga *coaching*. Foi uma ótima decisão!

Ela me ajudou a identificar aquilo que estava desviando a minha atenção. Em seguida, montamos um plano de ação com metas e objetivos para organizar os horários de escrita e o lançamento do livro. Mesmo durante o processo de *coaching*, tive alguns momentos de desvio. Com o passar das sessões, recuperei o foco e a determinação para cumprir minha meta dentro do prazo esperado. Essa ajuda profissional me colocou no eixo novamente; mostrou-me como "focar" é extremamente importante para tornar real nossos sonhos.

As frustrações e conflitos podem surgir. Por isso, temos que nos preparar mentalmente para lidar com tais situações. Devemos encará-las como um lembrete que algo deve mudar; um "aviso divino" dizendo "Tente de outra forma", "Mude a rota". É exatamente para isso que os obstáculos e as desilusões aparecem; para nos afastar de algum vício, pessoa ou trabalho que não lhe completam mais. Devemos ser minuciosos e ficar atentos onde precisamos harmonizar nossa vida.

Penso que *quem foca em muitas coisas não realiza nada.* Está apenas perdendo tempo e energia. As pessoas de sucesso trabalham duro para alcançar o êxito. Mas não confunda movimento com progresso. Você pode correr no mesmo lugar o tempo todo e não chegar a nenhum lugar.

Tony Robbins diz o seguinte: *"Muita gente não tem ideia da imensa capacidade de comando imediato quando focalizamos todos os nossos recursos para dominar uma área de nossa vida. O foco concentrado é como um raio laser, capaz de cortar qualquer coisa que pareça deter você [...]. Uma razão por que tão poucos de nós conseguimos o que realmente desejamos é que nunca dirigimos o nosso foco; nunca concentramos nosso poder. Muitas pessoas se arrastam pela vida, sem decidir dominar qualquer coisa em particular. Na verdade, acredito que muitas pessoas falham na vida porque se especializam em coisas secundárias".*

Gary Keller e Jay Papasan, no livro *A única coisa*[46], apresentam um estudo realizado em 1993 pelo psicólogo K. Anders Ericsson. O estudo constatou que os profissionais bem-sucedidos alcançam o topo cerca de 10 anos após dedicar-se, em média, 4 horas por dia. Ou seja, esse é o tempo médio que você precisa se comprometer com o seu propósito. Persistência e foco são as chaves do sucesso.

Somente 4 horas?, você deve estar se perguntando. *É fácil!* Também concordo. Não parece difícil. Mas exige dedicação. Eu mesma me pego às vezes me desviando da minha "Única Coisa". Para mim, o período da manhã é o período sagrado da escrita. Claro que surgem algumas situações que exigem minha atenção. Nessa hora, me comprometo a compensar esse tempo em outro horário ou outro dia. Trata-se de um compromisso comigo mesma, com o meu propósito.

O segredo para não perder o foco é saber dizer aquela palavrinha mágica: *Não*. Você deve exercer o seu poder de escolha. Parece simples, mas devemos saber avaliar o que é mais importante nesse momento de vida. Ele refletirá seu futuro. Se começar a desviar ou desanimar, lembre-se de sua fonte de inspiração. Leia novamente a jornada de quem você admira e veja como ela foi dedicada na trajetória de conquistas.

Você já ouviu falar de "A tríade do tempo"?[47] É um método muito interessante desenvolvido por Christian Barbosa, um especialista em ensinar as pessoas a administrarem melhor o seu tempo. Esse tempo não está ligado apenas ao aspecto profissional, mas também pessoal e social. É sistêmico. A tríade desenvolvida por Christian fala sobre as atividades que exercemos no nosso dia a dia e tem significado na nossa vida. Essas atividades são classificadas em: *importante, urgente e circunstancial*. O mais relevante é como elas impactam na vida no curto, médio e longo prazos.

Segundo Christian, as atividades *importantes* são aquelas que podem ser feitas com tempo, levar dias, semanas ou meses. Elas são significativas, pois você as executa com prazer. Além do mais, elas podem ser planejadas, trazendo resultados que farão diferença na sua vida. Porém, não podem ser adiadas. Adiar as *tarefas importantes* é o mesmo que adiar a sua felicidade.

As de caráter *urgente* são aquelas que surgem de repente, sem serem previstas. Geralmente, elas causam um certo estresse, e devem ser realizadas para ontem. Só tem uma questão: tem gente que classifica a maioria das suas atividades como *urgente*, ou deixa que elas se tornem *urgentes*. O que é bem diferente! São pessoas que vivem correndo durante o dia fazendo mil e uma coisas. Elas agendam uma tarefa a cada 15 minutos. Tudo bem, acho que exagerei. Talvez a cada uma hora. Deixam de focar no que é *importante*, na atividade que as levará a viver o seu propósito. As atividades *urgentes* geralmente são as *importantes* procrastinadas.

As *circunstanciais* são atividades feitas por comodidade ou para atender uma necessidade "social". Por vezes, realizadas para agradar os outros, e não a você. Essas tarefas podem não gerar resultados e trazer insatisfação ou frustração. Um exemplo clássico, citado pelo autor no livro, é uma visita inesperada. Ela chega sem avisar no momento em que você está fazendo a sua *atividade importante*. Ocorre que, por educação, você a recebe.

Essa situação gera insatisfação e frustração porque você evita dizer que "não" poderia recebê-la, por receio de magoá-la, preferindo magoar a si mesmo. Claro que existem exceções. Para as demais, não custa dar uma ligadinha, não é?!

No meu caso, a minha tarefa mais *importante* é escrever. Essa é a minha prioridade. O período da manhã – das 9 às 12:30h, de segunda a quinta – é o meu horário sagrado. Quando não consigo atingir minha meta de escrita, volto a escrever no período da tarde. Interrompo somente se for algo realmente urgente, como por exemplo questões de saúde. Já as *circunstanciais* cito como meu exemplo as atividades nas mídias sociais. Atualmente, são indispensáveis para divulgar o meu trabalho, mas estavam me tirando do foco da escrita. Por isso, decidi estipular horários para interações. Se for *urgente*, é só me ligar!

Eu estava com dificuldade para separar as atividades *importantes* das *urgentes* ou *circunstanciais*. Com as sessões de *coaching* e a leitura de *A tríade do tempo* ficaram claras as prioridades na minha vida, bem como aquelas que surgem inesperadamente e podem esperar.

As atividades *mais importantes* eu conhecia. Só que existiam outras que também julgava serem *importantes*. Na dúvida, segui a orientação do livro e passei a relacioná-las. Fiz o seguinte:

1) Comecei a listar todas as minhas atividades no Excel. Se preferir, pode fazer em uma folha ou caderno.

2) Em seguida, classifiquei, à frente de cada atividade, o grau de importância e a sua prioridade: alta, média e baixa.

3) No cabeçalho coloquei mais duas colunas: a primeira foi a "data" ou "data da ação", ou seja, quando pretendo realizar aquela atividade. E na outra, "feito?", para me certificar se já foi concluída.

4) Depois de listadas todas as atividades, as transfiro para a minha agenda, levando em consideração a classificação de

131

prioridades. Faço uso da agenda eletrônica do Google, que está atrelada à minha agenda do celular. Tanto a agenda do computador quanto a do celular me avisam a data de cada atividade.

5) Todos os dias vejo as atividades listadas na agenda e as reescrevo em uma folha de papel. Destaco as prioridades. São nelas que devo focar. E, claro, a escrita – minha "Única Coisa".

6) Por vezes, incluo outras atividades menos importantes, nada que atrapalhe as demais. Durante o dia, vou assinalando as concluídas para avaliar meu desempenho. Se alguma atividade ficou pendente, ela será reprogramada para o dia seguinte.

Com essa rotina consigo ver o meu rendimento; se estou focando nas atividades agendadas e *importantes*, ou algo *circunstancial* me desviou.

Atualizo minha lista semanalmente. Dessa forma, consigo manter o foco e o interesse, além de estimular a minha persistência.

O *coaching* pode ajudar

O *coaching* não se aplica apenas ao âmbito profissional. Existem várias modalidades ligadas a essa metodologia: *coaching de carreira, life coaching ou coaching de vida, coaching de relacionamento*, entre outras. Percebo que, independente da categoria, a maioria trabalha de maneira sistêmica. Ou seja, atuam em todos os aspectos da vida de um indivíduo.

É de se esperar que, quando determinada área da sua vida não vai bem, ela pode afetar as demais. Isso aconteceu comigo. A insatisfação profissional afetou a minha saúde, a minha vida social, familiar, e principalmente o meu casamento. Hoje tenho consciência de que as minhas decisões e as crenças limitantes haviam me conduzido para aquela fase angustiante. Porém, se não tivesse passado por essas situações, não teria encontrado o meu *propósito de vida.*

Quando decidi fazer o *coaching*, já estava vivendo o meu propósito. Vejo que seria, também, uma ótima opção para aqueles que ainda não encontraram o seu.

O *coaching*, da mesma forma que a *Astrologia* e o *Eneagrama*, me estimulou a questionar o meu verdadeiro "Eu". O mais interessante no processo são os questionamentos. Eu aprendi a me questionar e a formular as perguntas corretas. E quanto mais claras são as perguntas, melhores as respostas.

Existem momentos em que não há o que fazer além de reconhecer que precisamos de ajuda. O *coach* é uma pessoa neutra. Ele nos ajuda a refletir e ver os obstáculos por um outro ângulo. Ficava pensando: *Por que será que não conseguia ter foco? Ainda mais eu, uma "virginiana perfeccionista". Sempre organizada com a rotina do trabalho.* Mas isso ocorrera em outros tempos, em outro tipo de trabalho, o qual eu vivenciara por 10 anos. No caso da escrita, era tudo muito novo. Quando passei a me cobrar por não conseguir organizar a minha rotina no dia a dia, reconheci que precisava de ajuda.

No início, pensei que a orientação seria ligada somente à escrita, mas a minha *coach* foi me mostrando que outras atividades ao meu redor estavam me tirando a atenção. Começamos a atuar em todas as áreas – profissional, relacionamento, intelectual, social, família. E, mais uma vez, percebi como é importante conciliá-las.

O *coaching* ajuda muito no autoconhecimento. Portanto, invista no processo se for preciso.

Sonhar não custa nada; não duvide de seus sonhos

Sonhar não é só para crianças? Escutei uma pessoa próxima dizer quando perguntei quais eram seus sonhos.

Infelizmente, quando chega a fase adulta, a maioria pensa dessa forma. Agora, dá para imaginar alguém que não sonha? Na minha inocente concepção, não. Eu estava errada, e fui descobrindo pessoas que não sonhavam. Algumas delas bem próximas de mim.

Devido às responsabilidades do dia a dia, deixamos os sonhos de lado e caímos na realidade. Passamos a acreditar apenas nas coisas concretas, nas comprovações científicas, no tangível, no feito pra ontem. Tornamo-nos "normais".

Para refletir sobre essa concepção, convido você a prestar atenção nessa história:

O sonho do menino pobre do Sul do Brasil era falar inglês e viajar para os Estados Unidos. Um sonho "quase impossível" para uma pessoa carente, como ele.

Filho de um caixeiro viajante e de uma costureira, quando menino, sonhava em fazer faculdade nos Estados Unidades. Aos 11 anos de idade, missionários mórmons começaram a dar aulas de língua inglesa na sua cidade. Não perdeu tempo, se matriculou no curso. Ele o ajudaria a se destacar nessa matéria na escola pública.

Passados alguns anos, um missionário perguntou-lhe se gostaria de cursar Universidade nos Estados Unidos. *Universidade? Nos Estados Unidos? Impossível!*, ele respondeu. Mas o missionário o encorajou: *Menos impossível do que você pensa*. E lhe contou que os mórmons administravam uma universidade naquele país. Se ele se esforçasse, poderia conseguir uma bolsa. Depois dessa conversa, estudar fora virou um sonho que poderia se concretizar.

A primeira vez que viajou para a terra do *Tio Sam* tinha apenas 17 anos. Conseguiu com muito esforço e pouco dinheiro. Lá, fez de tudo: trabalhou como garçom, lavou pratos, limpou chão, trabalhou em uma fábrica de tinta. Depois de um tempo, com o incentivo dos mórmons, largou tudo para ser voluntário por 2 anos em Portugal. A ida para a universidade americana aconteceria apenas 9 anos depois. Por enquanto, a vida queria testá-lo e saber o quanto ele seria persistente e resiliente nos seus sonhos.

Retornou ao Brasil depois dos 2 anos de voluntariado, prestes a completar 22 anos. Casou-se com um grande amor da época da adolescência. Nesse período, tiveram dois filhos. Ainda no Brasil, ingressou na Faculdade de Administração. Para sustentar a família dava aulas de Inglês nas horas vagas. A vontade de voltar aos Estados Unidos para cursar a universidade naquele país era um pensamento recorrente. Três anos depois de casado, fez os testes para uma bolsa de estudo e foi aprovado para ingressar na Brigham Young. Com 26 anos, ele partiu com a mulher e os dois filhos pequenos. Foi um período de muita dedicação e provação.

Assim que se formou, conseguiu emprego em uma multinacional americana. Depois de um ano na matriz da empresa, foi transferido para a filial no Brasil.

Enquanto trabalhava no horário comercial, um amigo perguntou se ele gostaria de dar aulas particulares de Inglês. A princípio ele pensou a respeito. *"Eu já trabalho o dia inteiro, das 8 horas da manhã às 6 horas da tarde, será que eu estou disposto a trabalhar na minha hora de descanso?"* Resolveu que sim. Ele começou com um aluno, depois vieram uma turma, duas turmas... Todas as aulas ministradas na sua casa. Quando havia alunos suficientes para uma terceira turma, dividiu com a esposa o desejo de abrir uma escola de Inglês. Ela o incentivou.

É aí que entra o "Não duvide de seus sonhos. Acredite". Muito feliz, ele quis compartilhar também com os parentes e amigos sua decisão de abrir a escola. Como já era de se esperar, eles riram e disseram: *Deixa de ser bobo. Não vai trocar o certo pelo duvidoso, Escolinha de inglês?! Isso não dá futuro!* Dessa vez eles riram, e ele ficou triste. E mesmo sem o "apoio" das pessoas próximas, ele não desistiu. Acreditou, e seguiu em frente. A "escolinha de inglês" virou um conglomerado bilionário de empresas de educação.

O nome de seu fundador? Carlos Wizard.

Após 25 anos de dedicação, quem estava rindo era ele.

O Grupo Multi Holding, criado por Wizard, é especializado em ensino de idiomas e cursos profissionalizantes. Dentre as escolas do grupo estão: a Wizard, Yázigi, Skill Idiomas, Microlins e a SOS Computadores. O sonho daquele menino pobre tornou-se um patrimônio bilionário. Em 2014, o Grupo Multi Holding foi vendido para os britânicos do grupo Person PLC – maior empresa de educação e maior editora de livros do mundo. Especula-se que a transação foi avaliada em 2 bilhões de reais, aproximadamente.

E você acha que Wizard pegou esse dinheiro, se aposentou e foi viver na praia? Não, ele continuou sonhando. Atualmente, investe em empresas do segmento de produtos naturais, orgânicos e de bem-estar. É um visionário.

Além de empreendedor de sucesso, Carlos divide sua história através de seus livros e palestras. O título de um de seus livros é *Os sonhos não têm limites*[48]. Inclusive a história contada acima faz parte deste livro.

Escute bem. Você deve ser a primeira pessoa a acreditar nos seus sonhos. Não espere isso de mais ninguém. A grande maioria está acostumada a compadecer-se mais da desgraça do que da vitória alheia.

Sonhar e confiar nos faz viver com mais sentido. Ninguém sabe exatamente o que vai acontecer daqui a milésimos de segundo. Geralmente as pessoas querem ter a certeza dos acontecimentos, antes mesmo de sonhar. Só que não funciona assim. Comece sonhando.

Tenho uma lista considerável de sonhos. Não faz muito tempo que montei o meu "quadro de sonhos" com 70 objetivos listados, até o momento. O quadro foi um exercício proposto pela minha *coaching*. A lista já existia, mas ficava "escondida" no computador.

Dos 70 sonhos, selecionei os mais importantes. Recortei as imagens que me remetem a eles, e os preguei bem na frente da minha mesa de trabalho. Dessa forma, todos os dias, enquanto escrevo, passo o olho em cada recorte e vibro em confiança.

Já havia pesquisado várias maneiras de fazer o mapa dos sonhos. Acabei tomando como base as dicas do livro de Tony Robbins, *Desperte o seu gigante interior*[49]. Ao invés de sonhos, ele fala em objetivos – que não deixa de ser a mesma coisa.

Para Tony, devemos separar nossos objetivos/sonhos em quatro categorias:

1) Objetivos de desenvolvimento pessoal.

2) Objetivos profissionais e econômicos.

3) Objetivos de diversão e aventura.

4) Objetivos de contribuição.

Obs.: Na minha lista de objetivos/sonhos de desenvolvimento pessoal acrescentei o "espiritual".

No cabeçalho da relação, incluí em quanto tempo pretendia concluir meu objetivo. A seguir, a referência de ano, qual a categoria do sonho (específica) e se a meta foi alcançada ou não. Apenas na lista de desenvolvimento pessoal e espiritual coloquei a coluna especificando o tipo do sonho – pessoal ou espiritual. No exemplo abaixo, misturei alguns objetivos meus com outros fictícios.

	Sonhos/objetivos de desenvolvimento pessoal e espiritual	Daqui (ano/ meses)	Ano	Especifi- cação	Meta alcan- çada?
1	Vou fazer exercícios físicos 3 vezes na semana.	1 ano	2018	Pessoal	
2	Vou praticar os *Ritos Tibetanos* e meditação de se- gunda a sexta.	1 ano	2018	Espiritual	
3	Vou fazer um curso de fotografia.	1 ano	2018	Pessoal	
4	Vou deixar de fazer prejulgamentos. Cada vez que pensar em julgar alguém devo repe- tir as palavras do Ho'oponopono.	1 ano	2018	Espiritual	
5	Vou fazer aulas de francês.	3 anos	2021	Pessoal	

Algumas perguntas podem lhe ajudar a pensar nos seus objetivos. *Mais perguntas?! Sim, mais perguntas!* Tais como:

- Quem eu gostaria de ser?
- O que eu gostaria de fazer?
- O que eu sempre quis fazer na vida, mas nunca tive cora- gem de tentar?
- Com que tipo de pessoas eu gostaria de me relacionar?
- Que habilidades eu gostaria de adquirir ou desenvolver?
- Quais os valores que eu gostaria de desenvolver?

- O que devo fazer para o meu bem-estar físico e mental?
- Como posso ter o corpo dos meus sonhos?
- Que lugar sempre sonhei em conhecer? Como faço para conseguir conhecê-lo?
- Adoro dançar. Que tipo de dança eu gostaria de praticar?
- Que cursos eu adoraria fazer?
- Que restaurantes eu gostaria de conhecer?

E assim vai...

Comece a fazer as suas perguntas e verá que vai chover sonhos na sua cabeça. Mas não tenha medo, nem vergonha deles. Apenas vá anotando. Com desprendimento. Sem pensar no que deverá ser feito para conquistá-lo. Fiz exatamente desta forma. Fui anotando os meus sem pensar ou se importar a qual categoria ele pertencia. Depois, os relacionei nos objetivos específicos – *desenvolvimento pessoal e espiritual, profissionais e econômicos, diversão, aventura e contribuição*. Em seguida, destaquei em amarelo aqueles que gostaria de concretizar naquele ano.

Para fazer a sua lista de sonhos/objetivos tente ser o mais específico possível. Seja claro. É assim que o universo entende. Por isso, se você quiser falar inglês e tem um sonho de fazê-lo em tal escola, não hesite em colocar o nome da instituição.

Não adianta apenas "devanear". Sonhos sem metas são apenas sonhos. E, no final, eles alimentam a sua frustração.

Sonhar também não está relacionado somente ao item material. Note na lista acima o sonho de "deixar de julgar as pessoas". Sonhos intangíveis ajudam a conquistar os tangíveis.

O ideal é você ler os sonhos listados e visualizar o seu quadro duas vezes por dia. Ao acordar e ao deitar. Porém, não adianta somente olhar; deve desejar e confiar. Isso é importante, mas não suficiente. Por exemplo, objetivo listado de fazer academia três vezes por semana não pode só ficar descrito no quadro. Ajude o universo a conspirar a seu favor. Busque por uma academia, faça exercícios em casa, no parque, comece a correr. Para cada sonho deve haver um plano de ação.

Não tenha pressa, as coisas não acontecem de uma hora pra outra. Confie e acredite. Quando menos esperar, vai escutar aquele "click" interno. Poderá acontecer quando estiver saboreando a doçura do "não fazer nada", ou se dedicando a todo vapor ao seu "autoconhecimento". Mas, assim que acontecer, ele vai ficar martelando na sua cabeça. Daí não tem jeito. Você vai querer saber mais a respeito, conversar com outras pessoas, ler, começará a devanear... e aí já estará sonhando.

Às vezes, a demora não é uma negativa de Deus. Você pode sentir que está se esforçando, mas nada acontece. No entanto, se você persistir, tudo aquilo que parece impossível a curto prazo se tornará possível a longo prazo. Basta ter disciplina para dar o nosso melhor e focar no longo prazo. Só assim as conquistas serão mais consistentes.

E, por favor, nunca desista dos seus sonhos!

6
Intenção, sincronicidade, espiritualidade e afins

Sua visão se tornará clara somente quando você olhar para o seu próprio coração. Quem olha para fora, sonha; quem olha para dentro, desperta.
Carl G. Jung

O poder da intenção

Era início dos anos de 1980, e Oprah estava começando sua carreira como entrevistadora. Ela havia sido contratada recentemente por uma emissora de Chicago, nos Estados Unidos. Numa manhã de domingo, lendo o jornal *The New York Times*, os comentários de um livro chamaram sua atenção. Era *A cor púrpura*, escrito por Alice Walker[50]. Ficou tão impressionada, que no mesmo dia foi até a livraria mais próxima de sua casa para comprá-lo. Saiu dali lendo. Enquanto lia, ela reconheceu na obra parte de sua própria história – a infância pobre, o preconceito racial, os maus-tratos e o abuso sexual dentro da família.

No mesmo dia, devorou o livro. Fascinada, voltou à livraria e comprou todos os exemplares disponíveis para presentear os amigos. Estava obcecada pela história. Afinal, ela se viu dentro dela. A partir de então, começou a divulgá-lo para cada pessoa que encontrava.

Passado algum tempo, ficou sabendo que Steven Spilberg e Quincy Jones fariam um filme sobre a obra. Foi o suficiente para ela colocar na cabeça que queria fazer parte do projeto. Começou dizendo para todo mundo que faria de tudo para estar no filme.

Não demoraria muito e ela receberia a ligação de um agente cinematográfico. O teste era para o filme *Moon Song* (em português "Canção da lua"). *Você está fazendo seleção para o filme* Moon Song? *Tem certeza que não é* A cor púrpura? *Deve haver algo errado. Tenho rezado para fazer* A cor púrpura. Mesmo assim, decidiu fazer a entrevista. No dia do teste, deu uma olhada no *script.* Tá de brincadeira! Era o *script* de *A cor púrpura.* Tinha certeza, não havia dúvida. Ela tinha decorado a fala dos personagens.

Ficou mais perplexa ainda quando soube que faria o teste para o personagem de Sofia. Era exatamente esse personagem que havia sonhado em fazer. Uma mulher forte, casada com Harpo. Agora pasmem! *Harpo é Oprah escrito ao contrário.* Não havia como negar. O universo estava conspirando a seu favor.

Na época, ela ainda não era a mulher famosa que todos conhecemos. Não houve nenhuma influência. Nem mesmo os produtores a conheciam. Era o *poder da sua intenção.*

Finalizado o teste, voltou para a sua rotina. Durante um bom tempo não obteve nenhuma resposta. Então, cansada de esperar, decidiu ligar para o agente. Estava ansiosa para saber se tinha sido aprovada. O agente atende e lhe diz: "*Vamos deixar bem claro. Você não tem que ligar pra mim. Você deve esperar eu te ligar. Além disso, uma das principais atrizes acabou de deixar meu escritório. Ela é uma atriz de verdade. E você não tem nenhuma experiência*". Após desligar o telefone, uma forte sensação lhe acometeu que não faria parte do elenco do filme.

Oprah não acreditou que aquilo estava acontecendo. Era tudo muito surreal. *Só poderia ser uma pegadinha de Deus comigo*, ela pensou. E começou a se questionar: *"Meu Deus, por que o Sr. está fazendo isso comigo? O Sr. me conduziu para a seleção deste filme. Chego lá, tem um personagem com o meu nome escrito ao contrário... e agora fui descartada?"* Ela não se conformava. Chegou a pensar que um dos motivos por não ter sido selecionada era devido estar fora de forma. Ela quase sempre esteve acima do peso.

No outro dia de manhã, Oprah decide fazer uma caminhada nos arredores de casa para espairecer. Em voz alta, começa a rezar: *"Deus, eu não consegui, mas tenho certeza que o Sr. fará isso por mim. Não sei se é algum tipo de charada ou qualquer outra coisa que o Sr. está fazendo comigo. Mas eu pensei, do fundo do meu coração, que o Sr. queria que eu fizesse parte disso. E eu gostaria de poder agradecer... mas eu não consigo... não agora! Eu não consigo! É muito duro. Por favor, me ajude a deixar isso ir embora"*. E começou a cantar a estrofe da música *I Surrender* do grupo Hillsong United (traduzido para o português *Eu me entrego*).

A música veio de maneira espontânea. Começou a rezar, a cantar e a chorar. Até que sentiu o sentimento de fracasso se dissipando. Repetia para si mesma que mesmo não fazendo o filme tudo ficaria bem. Enquanto cantava e rezava, pensou que não poderia assistir ao filme. Mas mudou de ideia. Decidiu que veria o filme quando ele estivesse pronto. Passou a abençoar a atriz escolhida no seu lugar. Decidiu que continuaria sua vida sem deixar que nenhum sentimento ruim se instalasse. Por fim, a paz começou a tomar conta dela.

Mas o universo é poderoso. Quando você pensa que tudo está perdido, na verdade não está. É apenas um teste para se certificar o quanto você acredita e confia.

Steven Spilberg e Quincy Jones estavam reunidos em um hotel para falar sobre o elenco do filme. A TV estava ligada em um programa de entrevista. A apresentadora lhes chamou a atenção. Na mesma hora, ligaram para o agente e disseram que haviam encontrado a atriz para o personagem de Sofia.

Enquanto Oprah caminhava, uma pessoa veio na sua direção. Havia uma ligação à sua espera. Era Steven Spilberg. *"Fiquei sabendo que você está fazendo caminhada para recuperar a forma. Pois saiba que se perder um quilo sequer vai perder o papel."* Na mesma hora, parou de caminhar. Ela faria parte do elenco de *A cor púrpura*, lançado em 1986.

Segundo ela, nada teve um impacto tão profundo na sua vida – emocional e espiritual. Determinou sua trajetória. Ela confessa que literalmente "mudou" a sua fé, pois pôde ver que era real. *"Deus pode sonhar de maneira grandiosa, para mim, para você, mas nada pode acontecer se você mesmo não sonhar grande para si mesmo"*, disse ela.

Oprah alcançou seu sonho porque desejou com o coração. Achamos que a mente é a realizadora, quando na verdade ela apenas cria o desejo. É o *poder da intenção*, ligado ao coração, que torna realidade nossos desejos mais profundos.

Você já deve ter ouvido que são as suas memórias e pensamentos os responsáveis por criar a sua realidade. Se você prestar bem atenção nos seus padrões de pensamentos, certamente encontrará os negativos competindo com os positivos. Portanto, de nada adianta dizer: "Quero muito ser feliz", e em seguida apresentar vários outros motivos para se sentir infeliz. Do tipo "Aquilo não vai dar certo", "Não gosto daquela pessoa", "Vivo estressado", "Não gosto do que faço", "Não ganho dinheiro suficiente", "Vivo doente", "Tenho um monte de contas para pagar". Não adianta ter a felicidade como objetivo enquanto seu pensamento trabalha dia e noite para realizar o contrário. Rezar por rezar, pedir por pedir não adianta! Peça para a sua divindade "limpar" e purificar suas memórias, e que ela as conduza para o coração, através do *poder da intenção*. Só assim estará atraindo energias positivas, se aproximando daquilo que sempre desejou.

Para Drunvalo Melchizedek, autor do livro *Vivendo no coração*[51], os pensamentos se baseiam na lógica. Diante disso, se os desejos se baseiam somente nos pensamentos (mesmo que positivos!), atraímos tanto coisas boas quanto ruins ao mesmo tempo. Por outro lado, se nossos pensamentos e intenções forem enviados ao coração, temos o poder de criar somente coisas boas. Conforme Drunvalo, a mente cria a ilusão para nos afastar da verdade. Ela quer lhe manter no mundo da "normalidade", bem dentro da sua cabeça. Por isso que devemos despertar para o "amor". O "amor" é o condutor natural para o que é processado no coração.

A *intenção* vinda do coração é capaz de movimentar o universo a seu favor. É o ponto de largada para os seus sonhos, sejam eles por dinheiro, um bom relacionamento, despertar espiritual ou coisas materiais. A *intenção* faz parte da força primitiva da natureza, da qual fazemos parte. Segundo Deepak Chopra, existem 5 maneiras de ativar *o poder da intenção* na sua vida e criar tudo que sempre desejou[52].

1) Adentrar no vazio da sua mente

É difícil estarmos concentrados no momento presente. Nosso pensamento quase sempre está ligado em algo que aconteceu ou ansioso com o que vai acontecer. As emoções e memórias advindas de tais pensamentos nos afetam de maneira positiva ou negativa, constantemente. A melhor forma de esvaziar a mente é através da meditação. A meditação acalma a mente e nos tranquiliza. É nesse estado que você pode colocar suas intenções.

2) Libertar suas intenções e desejos

Após a meditação – ou outro momento que você escolheu para "plantar" sua intenção – não há necessidade de ficar massacrando a mente com pensamentos repetitivos a respeito de seus desejos. Simplesmente, libere suas intenções, deixe ir.

3) Permanecer em um estado de consciência tranquila

Não se deixe influenciar pelo pensamento negativo e limitante de outras pessoas. Não duvide. Sua intenção encontrará o caminho dentro de um ambiente harmonioso e não conturbado. Lá dentro do seu "eu" permaneça confiante que no momento certo seus sonhos irão acontecer.

4) Desapegar do resultado

Confie nas incertezas da vida. Desapegue e nem fique formulando pensamentos sobre como sua intenção se tornará realidade. Acredite apenas que elas acontecerão do jeito que tiver que ser. E assim é. E assim será.

5) Deixar o universo cuidar dos detalhes

Lembre-se que há algo maior cocriando com você. Nada surge ao acaso, nem os obstáculos, nem as doenças, muito menos seus desejos. Siga dando o melhor de si. Todos viemos com um propósito. Seja nesta vida, ou em outra. Basta despertar para ele. A intenção é uma forma de ativar o seu propósito. Porém, deixe-a vir naturalmente. Como já disse, o "click" surgirá quando você menos esperar. Deixe o universo orquestrar os detalhes das suas intenções.

A partir do momento que você ativa as intenções pelo coração, abrem-se as portas para os eventos de *sincronicidade* na sua vida. Assunto que falaremos a seguir.

Sincronismo ou "coincidências de significado"

"Não acredito em sorte. Sorte para mim é estar preparado para se encontrar com a oportunidade. Se você não está preparado para receber tudo aquilo que deseja, não adianta se lamentar. Ninguém recebe nem antes nem depois, mas no momento certo. Minha confiança vem da certeza que existe algo muito maior daquilo que imagino ser. E o mais emocionante é que fazemos parte disso e isso faz parte de nós. Somos um", afirmou Oprah sobre a oportunidade de filmar *A cor púrpura*, e os demais eventos positivos que ocorreram na sua vida na sequência.

Como ela, eu também não acredito na "sorte". Comecei a perceber que tudo na vida tem um sentido de ser, seja ele bom ou ruim. Hoje, todos os acontecimentos na minha vida são encarados com algum "significado".

Carl Jung é o "pai" do termo das "Coincidências de Significado", que define os acontecimentos que se relacionam não por uma relação casual, e sim por uma relação de significado. Ele também chamou esses acontecimentos de "Sincronicidade"[53].

O psiquiatra e psicoterapeuta suíço começou a estudar as "coincidências significativas" em 1929. Porém, veio a finalizar e a publicar sobre o assunto 21 anos depois. Ele temia pela aceitação do tema pelas pessoas na época.

Desde que comecei a estudar a "Sincronicidade", me pus a lembrar de eventos na minha vida que aconteceram de maneira sincronizada. Da mesma forma que pode ter acontecido na sua, mas você não percebeu. Quem sabe, nesse exato momento, você esteja reclamando sobre algum obstáculo, que na verdade pode ser uma providência para que outro evento muito bom aconteça.

Em um de seus artigos escrito para o site do globo.com, Paulo Coelho[54] escreveu sobre um, dentre vários acontecimentos sincronísticos que o acometeu. Ele havia acabado de finalizar o livro *As valkírias*. Estava no aeroporto de Brasília, esperando chegar a hora de embarque do seu voo. Durante esse tempo, ficou pensando na capa para o novo livro. Devido ao atraso do voo, decidiu dar uma volta pelo saguão do aeroporto. Encontrou no segundo andar uma galeria de arte. E nela acabou se deparando com um quadro que retratava o tema central do seu livro – o *Arcanjo Miguel*. O nome da artista o surpreendeu mais ainda – *Valkíria*. Mas a sincronicidade dos fatos não para por aí. Seu livro *As valkírias* foi lançado em 3 de agosto de 1992, com o desenho da obra estampado na capa. Uma semana depois, seu editor recebe a seguinte carta: *"Faz exatamente um ano – 3 de agosto de 1991 – que terminei uma restauração numa igreja de Goiás. Fiz sem cobrar nada, apenas por amor. Neste dia, o padre me chamou e disse: 'Deus encontrará uma maneira de lhe pagar. Em um ano, um trabalho seu será muito conhecido"*. Era a artista do quadro.

Eu mesma, enquanto lia o livro de Jung sobre o tema, me surpreendi com a sincronicidade de alguns fatos recentes ligados à obra do autor. Uma delas diz respeito ao *I Ching*, oráculo chinês criado há mais de 3 mil anos baseado no *Livro das mutações*. Descobri o *I Ching* lendo a biografia de Paulo Coelho. Ele usa o método para auxiliá-lo em momentos de incerteza. Uma forma de reafirmar sua intuição. Fiquei muito curiosa sobre esse livro místico e o incluí na minha lista de desejos da Amazon. Fiz o pedido de ambos os livros, o *I Ching: o Livro das mutações*, de Richard Wilhem[55], e *Sincronicidade*, de Jung. Durante a leitura do livro de Jung, deparo-me com ele citando o *I Ching* como método de estudo de seus eventos sincronísticos. Foi uma surpresa! Não sabia do seu interesse pelo "oráculo" milenar chinês. E nem tampouco decidi comprá-lo por influência do psicoterapeuta famoso, e sim do autor Paulo Coelho.

Chopra chama as "coincidências de significado" de *Sincrodestino (Sinchrodestiny)*[56]. A palavra *sincrodestino* é uma conjunção de *sincronicidade* e *destino,* e significa que tudo no universo está conectado e correlacionado. Como dizia o poeta Rumi: *"Você não é a gota do oceano, você é o oceano inteiro numa gota".* Quando se está apegado ao passado e preocupado com o futuro, não se consegue perceber a sincronicidade ao seu redor. É exatamente no presente que ele se apresenta. É através dos eventos "acausais" que as oportunidades são manifestadas. Infelizmente, você está mais preocupado com o passado ou o futuro para notar.

É no estado de maior consciência que os atos sincronizados se manifestam. Para alcançar o estado de consciência é preciso se autoconhecer. Só o autoconhecimento o levará para o caminho da intenção. *A intenção ligada ao coração ativará a intuição*, que o ajudará a ligar os atos sincronísticos. De início, você pode até se deparar com situações desconectadas, mas que se juntarão no final. A princípio, esses eventos desconexos representam o universo querendo lhe conectar com os seus sonhos. Basta querer com o coração.

E como é "querer com o coração"? A intenção ligada ao coração é sentida, não pensada. Bem lá no fundo você sabe, pois sente quando aquilo está certo ou errado, se é bom ou ruim para você ou para as pessoas com as quais se importa. Se gera aflição, aperto no coração, é um sinal que tal acontecimento deve ser repensado. Mas se sentir algo desabrochar dentro de você, um arrepio pelo corpo, um sorriso bobo querendo sair, não pense duas vezes. Livre-se do medo do fracasso e arrisque-se.

Mas como eu faço para criar mais sincronicidade na minha vida? Tudo que foi mencionado neste livro poderá lhe conduzir para uma vida repleta de "coincidências de significado". Atente-se aos seus sentimentos, pensamentos, e tudo aquilo que lhe rodeia.

Não devemos esquecer que tudo que acontece ao nosso redor é criado por nós, por intermédio das nossas intenções, desejos e ações. A *sincronicidade* perfeita dos fatos deve-se a esse movimento pessoal. Podemos atrair sincronicidade de fatos negativos também, tanto quanto positivos. Sabe aquele dia que você acorda com o pé esquerdo, não administra seus sentimentos, que por fim o levam para pensamentos repetitivos... Daí tudo vira um caos! Você está atrasado, estressado e o copo de café cai. Você xinga, fica mal-humorado, sai brigando no trânsito. Como dizem os pessimistas de plantão: *Não existe nada que esteja ruim que não possa piorar*. Nossa vida é reflexo de nossas palavras, pensamentos e sentimentos.

Veja as pessoas de sucesso. Depois de superarem seus obstáculos, elas se tornam mais fortes emocionalmente. A partir daí, coisas vão acontecendo de maneira simultânea na vida delas. Alguns chamam isso de "sorte". Eu chamo de "estado de sincronismo perfeito".

Listei a seguir sete maneiras simples que podem lhe ajudar a atrair "a satisfação espontânea do desejo no campo das possibilidades infinitas", segundo Chopra. E também a notar as "coincidências de significado" na sua vida.

1) Vigiar os sentimentos e pensamentos

Os pensamentos e os sentimentos são uma das mais importantes ferramentas que o conduzirão à glória ou ao fracasso. Por isso você deve vigiá-los. Ao primeiro sinal de pensamentos negativos e repetitivos... *Ho'oponopono* neles! Altere sua baixa frequência fazendo o que gosta. Vá dar um passeio no parque, veja um vídeo engraçado, mas não deixe eles lhe puxarem para "o lado negro da força".

2) Intenção ligada ao coração

Só o *amor* é capaz de ligar a sua mente ao coração através do *poder da intenção*. Você vai conseguir acessar esse "amor" julgando menos o próximo e os eventos ao seu redor. Julgar é diferente de analisar uma situação. Aceite que certas coisas devem ser como são.

Por vezes, você tem que deixar as pessoas viverem o seu processo. Você tentou ajudar? Mas não teve sucesso? Siga influenciado com boas práticas de conduta. Pratique o servir sem querer nada em troca. Coloque-se no lugar do outro. Medite. Agradeça. Tudo isso o levará em direção ao "amor". E quando digo "amor", me refiro ao "amor-próprio" primeiro. Quem ama a si mesmo, ama o próximo. O amor não é fazer tudo pelo outro; ele precisa lhe preencher também. Esse é o verdadeiro amor.

3) Autoconhecimento

Se você se conhece, sabe o que é melhor para si, cuida da mente, do corpo, tem sonhos, busca e vive seu propósito de vida. Conhece o poder da intenção, é intuitivo, e, portanto, atrai coisas boas.

4) Seja consciente

Ser consciente é um passo natural das pessoas que se conhecem, que se amam. Quando você eleva a sua consciência pelo autorreconhecimento, meditação, espiritualidade, tudo entra em sincronia. É por meio da meditação que você se conecta com seu espírito. A meditação é uma das melhores maneiras de elevar a consciência.

5) Faça um diário das chamadas "coincidências"

Preste atenção nos acontecimentos do seu dia. Procure notar aquilo que você encara como "coincidência". Anote no seu diário, sejam eles eventos pequenos ou grandes.

6) Não ignore as coincidências quando elas acontecerem

Pergunte a si mesmo(a): *Que significado isso tem para mim? Qual a mensagem aqui?* Apenas faça as perguntas, sem se preocupar com as respostas. Elas virão naturalmente. E quando vierem, você saberá. Não tenha pressa.

7) Foque nos seus 5 sentidos (visão, tato, audição, olfato, paladar)

Escolha um sentido por dia e foque nele por alguns segundos, minutos. Note o impacto desse sentido no seu ambiente. E quando algo estimulante acontecer, preste atenção. A partir do momento que você fica mais ciente do ambiente ao seu redor e usa seus sentidos para isso, você fica mais aberto às mensagens que lhe são enviadas através dos eventos sincronísticos. Ao invés de focar em coisas ruins na sua vida, dê mais ênfase nas coisas boas. E, mais uma vez, agradeça.

Talvez você já tenha encontrado seu marido, esposa, namorado(a), um trabalho por meio de uma situação de sincronicidade. Pare um instante e relembre. Você irá se surpreender. Talvez, agora, nesse exato momento, você esteja vivendo um momento como este. Por exemplo, está escutando uma música e pensa naquele amigo que adora essa canção. Então lhe vem na cabeça que faz tempo que não fala com ele, e sente saudades. De repente, toca o telefone e quem é? Seu amigo. Quem nunca já passou por isso? Você pode até ignorar, dizendo que é apenas uma coincidência sem importância. Quem sabe esse amigo ou amiga ligou para lhe contar que aquela paquera está solteira(o). Você liga, combinam um encontro, começam a sair, se casam, têm filhos... Algo despretensioso pode se tornar parte da história da sua vida.

Você notará mais sincronicidade na sua vida quando deixar o seu "sexto sentido" aflorar. Chamam esse sentido de *Intuição*. Na maioria das vezes, os eventos sincrônicos não são grandes acontecimentos, e sim pequenos. Por isso deve-se ficar atento, caso contrário, não irá perceber.

Faça uso do seu sexto sentido – a intuição

Creio que sempre fui uma pessoa intuitiva. No entanto, antes de seguir o meu propósito, posso dizer que eu não dava tanta atenção para minha intuição. Quando tinha que decidir por algo importante, lá no fundo, eu sentia que a minha voz interior "falava" comigo me orientando. Mas eu simplesmente ignorava. Na maioria das vezes, seguia a minha razão e acabava buscando outra opção e opinião. Não queria errar nas minhas decisões. Tinha medo de fracassar.

Somos incentivados a ser racionais. Temos que ver pra crer. Tudo tem que ser comprovado cientificamente para ser aceito. E o que falar de Deus? Se acreditamos, como provamos sua existência? Como podemos crer em uma divindade superior sem necessitar de comprovação? Mesmo assim, acreditamos, pelo simples fato de sentir que algo maior e mais profundo é o Criador desse vasto universo que nos rodeia.

Como podemos definir a *Intuição*? Na minha concepção, *Intuição* é, de certa forma, saber sobre alguma coisa ou alguém sem acessar o pensamento racional. Chegar a uma conclusão sem precisar saber exatamente o "porquê". Simplesmente porque sente, e pronto!

A intuição é isso; apenas sentimos e comprovamos a partir dos acontecimentos dos fatos.

A intuição também é conhecida como o nosso "sexto sentido". Um sentido que devemos aperfeiçoar através do autoconhecimento. Porém, devemos tomar cuidado em não confundir o "ego" com a intuição. O ego pode nos criar peças. Ele só pensa com a mente, enquanto a intuição está ligada ao coração. E você somente vai reconhecer o chamado do coração através do conhecimento do "Eu".

As emoções e reações ligadas ao coração nada mais são do que a voz interior nos falando. A intuição é desenvolvida a partir do momento que adquirimos mais conhecimento, mais experiências, e nos conhecemos melhor. No processo de autoconhecimento, você ganha confiança.

Segundo a psicóloga Virginia Marchini, fundadora do Centro de Desenvolvimento do Potencial Intuitivo de São Paulo[57], pessoas com baixa autoestima têm mais dificuldade de acreditar na sua intuição devido à falta de confiança em si mesmas. Por isso, à medida que desenvolvemos o nosso "Eu", aceitando os nossos defeitos, e reconhecendo nossas habilidades, passamos a usar a intuição.

Ao aprender a utilizar a intuição não quer dizer que você será capaz de prever o futuro, mas sim de perceber intimamente qual é a melhor resposta para os seus questionamentos internos sobre algo ou alguém. A intuição é o reconhecimento de si mesmo. Quando passamos a nos conhecer – ou reconhecer –, sabemos o que é melhor para a nossa vida. A intuição nos conecta com o nosso *propósito de vida*.

Para que possamos ser cada vez mais assertivos e confiarmos na nossa intuição é preciso vigiar e controlar nossas emoções. Se conseguimos manter nossas emoções em equilíbrio, alcançamos o estado de calma mental. E é nesse estado que nos tornamos mais abertos ao nosso "Eu interior", ao nosso coração.

No dia que decidi transformar a minha vida e seguir em busca do meu propósito, eu estava seguindo o chamado do meu coração. A minha intuição. Mas comecei a prestar atenção, de fato, quando passei por uma situação delicada de saúde na família.

Fazia menos de um mês que havia lançado meu primeiro livro – *Os opostos se distraem*. Estava a todo vapor fazendo a divulgação quando minha irmã me ligou. Nosso pai não estava bem, com uma pneumonia forte. E, para agravar a situação, começou a ter confusão mental e a perder os movimentos do lado direito do corpo. Ao receber a notícia, estava um pouco atribulada com a promoção do livro. Era muita coisa acontecendo ao mesmo tempo. Senti-me desorientada.

Mesmo assim, não pensei duas vezes; juntei algumas roupas e segui para Minas Gerais. A ideia era ficar por uma semana, para acompanhá-lo nas consultas médicas e nos exames necessários. A saúde do meu pai e estar com a minha família eram mais importantes naquele momento. Estava escutando o meu coração. Ele me dizia que era o correto a ser feito. E realmente foi. No intervalo de dois meses, meu pai passou por uma cirurgia delicada e se recuperou totalmente.

Lior Shuchard, um dos maiores mentalistas do mundo, diz que a intuição é uma das suas principais ferramentas de trabalho. *"Quando digo às pessoas que vou adivinhar o nome do primeiro amor, começam a enviar sinais assim que pensam no nome. Algumas delas podem ser lidas pela linguagem corporal, outras por alguns dos sinais que estão em sua mente. Às vezes, vejo fotos, uma imagem ou uma carta [...]. Às vezes, recebo o nome inteiro sem perguntas. Isso, eu acredito, é a verdadeira intuição. O nome chega em minha mente como um sentimento. Então eu vou confirmar, passo a passo. Outras vezes recebo sinais mistos e tenho que fazer uma escolha, seguir meu instinto e, finalmente, usar minha intuição para tomar uma decisão"*[58].

Você já prestou atenção que frente aos novos desafios da vida sempre aparecem obstáculos para nos testar? Nesse momento, me lembro de histórias de pessoas que, antes de encontrar a sua realização pessoal ou profissional, foram colocadas a prova.

J.K. Rowling, autora de *Harry Potter* – o "bruxo" mais famoso do mundo –, passou por vários "perrengues" antes de vender mais de 450 milhões de livros em todo o mundo. Seu ex-marido bebia e a agredia. Depois da separação, ela ainda teve que contar com a ajuda do governo para poder sustentar a si própria e a filha pequena. Foram maus bocados, com certeza. Mesmo assim, ela não desistiu.

Mesmo a Oprah foi demitida de um canal de TV no início da carreira. Os executivos alegaram que ela era imprópria para o programa que apresentava. Dá para imaginar! Oprah imprópria em apresentar um programa?! Hoje, ela é uma das mulheres mais poderosas e influentes do planeta. Dona de seu próprio canal e um império de comunicação.

Esses exemplos são apenas para mostrar que não existe vida sem obstáculos, desafios. No fim, temos que aprender a lidar com eles. E acredito que a melhor maneira é fazê-lo com a força do coração, seguindo nossa intuição.

No meu caso, quando me deparei com o meu pai naquela situação, perguntei ao meu coração se deveria me preocupar. E sabe o que ele me respondeu? Nada! Eu não senti absolutamente "nada". Nenhuma aflição. Eu sentia apenas uma paz interior. Este era o sinal. No fundo, eu já sabia a resposta. Ela vinha lá de dentro e dizia: *Jussara, não se preocupe, tudo vai ficar bem. Logo você vai poder voltar ao seu livro. Agora, você deve se dedicar ao seu pai. Ele vai ficar bem.* E foi o que eu fiz!

Einstein disse uma vez: *A mente intuitiva é um dom sagrado e a mente racional é um servo fiel. Nós criamos uma sociedade que honra o servo e esqueceu o presente.* Então, que sejamos pessoas capazes de honrar nossos dons, dentre eles, o nosso *sexto sentido.*

A vida é tão corrida que é comum não identificarmos as mensagens internas. Deixamos de perguntar ao coração e sentir suas respostas. Quem nunca sentiu aflição ou um aperto no peito em certos momentos da vida? Você parou para se perguntar se aqueles sentimentos estavam lhe dizendo algo, ou lhe direcionando para uma resposta? Tenho certeza que na maioria das vezes não.

Eu já acreditava na força do coração, intuitivamente. E então, felizmente, pude comprová-la nesse momento delicado com o meu pai.

Cada vez mais, eu confio na minha intuição. Quando sinto um aperto no coração ou não fico empolgada com algo, já sei que não devo seguir adiante.

Ho'oponopono

Dr. Hew Len exercia a profissão de psicólogo e foi convidado por um amigo para trabalhar com "loucos criminais" em um hospital do Estado no Havaí. O local era horrível. O risco se fazia presente e os funcionários tinham muito medo de trabalhar ali. A rotatividade era muito grande, nem os psicólogos contratados permaneciam por muito tempo. Mesmo assim, o Dr. Hew Len aceitou o trabalho.

Ao iniciar, o Dr. Len solicitou os registros de todos os pacientes e os levou para seu escritório. Ele se trancou com os relatórios em mãos e pediu para não ser perturbado. Todos acharam a atitude um tanto quanto estranha. Seria possível curar doentes mentais de alta periculosidade a distância? Mas não o questionaram.

Três meses após ter iniciado o trabalho, os funcionários do hospital começaram a perceber que os pacientes estavam mais calmos e a atmosfera do local havia melhorado. Curiosos, perguntaram ao psicólogo como isso poderia ser possível, sendo que ele mal via os detentos. Sua resposta foi que ele "limpava as 'suas' memórias" compartilhadas com os pacientes, dizendo apenas: *Sinto muito. Me perdoe. Eu te amo. Sou grato.* Simples assim.

Quatro anos depois, a ala psiquiátrica do hospital foi fechada. Motivo? Não havia mais pacientes. Alguns se encontravam totalmente curados, enquanto outros foram transferidos em melhor estado para outras unidades. O método usado pelo Dr. Len era o *Ho'oponopono*, sistema de cura havaiano capaz de eliminar memórias negativas, levando o indivíduo à autocura[59].

Você deve estar se perguntando: *"Autocura? Mas não eram os pacientes que estavam doentes, ao invés do Dr. Len?"* Sim. No entanto, segundo o ensinamento do *Ho'oponopono*, somos 100% responsáveis por exatamente tudo que acontece na nossa vida. E é dessa forma que o Dr. Len faz seus trabalhos de cura pelo mundo – usando a técnica do *Ho'oponopono*. Quando Dr. Hew Len aceitou o desafio de tratar os pacientes do Hospital no Havaí, a única pergunta que ele fez foi para si mesmo: *Por que estou passando por esta experiência?* Ele se responsabilizava por ter atraído para si o trabalho de cuidar daquelas pessoas[60].

O *Ho'oponopono* faz parte de uma tradição ancestral havaiana que significa, de forma bem simples, "acertar o passo" ou "corrigir o erro". Segundo a tradição, quando surgiam desentendimentos entre as pessoas em uma comunidade, elas se reuniam para resolver e se perdoarem, com a orientação de um mediador. Para os antigos havaianos o erro está ligado aos pensamentos que o nosso inconsciente guarda de memórias dolorosas do passado. O *Ho'oponopono* nos ajuda a entrar em sintonia com a nossa divindade. Primeiro, restaurando o equilíbrio individual, e depois, em toda a nossa criação.

Morrnah Simeona, uma xamã e curandeira havaiana, foi a responsável de simplificar o processo de *Ho'oponopono* praticado pelos antigos havaianos. Ela percebeu que poderia ajudar muitas pessoas ensinando-as a praticarem a cura, sem a presença de um mediador – como era de costume. Elas precisariam apenas repetir: *Sinto muito. Me perdoe. Eu te amo. Sou grato.* Segundo Morrnah "a paz começa comigo e ninguém mais". A xamã havaiana começou a dar cursos, e posteriormente o Dr. Hew Len se juntou a ela. Ele era um de seus alunos mais dedicados. Foi com a ajuda do Dr. Len que Morrnah disseminou o *Ho'oponopono* pelo mundo.

O *Ho'oponopono* trabalha no sentido de descobrir "Quem eu sou?" Quando você se conhece, sabe quais são as memórias que o prendem e que devem ser "limpas", deixando livre o caminho da cura. As palavras significam:

• *Sinto muito*: você aceita e reconhece que criou aquele momento, aquela situação.

• *Me perdoe*: pede a divindade que está em você que lhe ajude a se perdoar. E não a pessoa ou a situação. Lembre-se, você é responsável por esse acontecimento.

• *Eu te amo*: nos reconecta com o divino, reconhecendo o amor incondicional dele por nós. Ajuda a transmutar a energia bloqueada e nos aproxima do Amor.

• *Sou grato*: você reconhece que tudo ficará bem. É grato por estar "limpando" as memórias que contribuíram para aquele momento.

Descobri o *Ho'oponopono* por intermédio da minha terapeuta holística. De início, achei o método muito simples. Dizer apenas: *Sinto muito. Me perdoe. Eu te amo. Sou grato*? Mas, ao mesmo tempo, foi intimidador e transformador. Intimidador, porque você toma consciência que tudo aquilo que acontece na sua vida é de sua responsabilidade. E transformador, porque quando você admite que é responsável pelas situações ao seu redor, está despertando sua consciência para a cura de seus problemas. Hoje, não me coloco mais no papel de vítima das circunstâncias.

Dividi a técnica com o meu marido, e sempre compartilho com as pessoas próximas. Interessei-me pela cura e passei a pesquisar e estudar mais sobre ela. Digo o *Ho'oponopono* todos os dias, 7 dias da semana, 360 dias do ano. Repito quando encontro as pessoas, quando os pensamentos negativos me pegam desprevenida, quando surge algum obstáculo, e também para as coisas boas. Para estas, em especial, apenas repito as últimas palavras de agradecimento: *Eu te amo. Sou grata.* Também costumo escutar a oração original disponível na internet.

A seguir um dos enunciados do *Ho'oponopono*; você pode dizê-lo em voz alta ou em pensamento: *Eu sou totalmente criador do que está acontecendo e aceito esta situação. Sei que ela foi produzida por uma memória e vou decidir liberá-la. Por isso, peço para a minha criança interior ou subconsciente deixar essa memória ir embora e se desprender dela. Peço para a minha alma, que está relacionada à minha divindade interior, limpar essa memória, no intuito de purificá-la e transformá-la em luz. E assim é, de acordo com a vontade divina"*.

A "criança interior" mencionada é chamada também de *Unihipili* para os havaianos, e representa o nosso subconsciente. É no subconsciente onde as memórias e emoções estão guardadas. Por isso, pedimos para a "Criança Interior" que libere tais memórias. A consciência é chamada de *Uhane*, e quer dizer "mãe". *Uhane* representa a mente ou intelecto. Mesmo sendo muito importante, requer humildade a fim de que a ilusão e o controle excessivo não tomem conta de nossas vidas. E por fim, a superconsciência ou "pai", nomeada pelos havaianos como *Aumaka* e representada pelo "Eu Superior", espírito ou alma. Essa é a parte conectada diretamente com a nossa divindade.

Particularmente, escrevi os dizeres acima no meu celular e quando me deparo com alguma situação ou pessoa desagradável, eu os leio. Quando chego nos lugares costumo rezar: *Peço para a divindade que está em mim limpe e purifique este momento que eu contribuí para existir. Sinto muito. Me perdoe. Eu te amo. Sou grata.* Dessa forma, estou limpando ou expandindo as boas energias das pessoas e do lugar, tornando o encontro cada vez mais agradável.

O *Ho'oponopono* me ajudou a lidar com os pensamentos negativos. Hoje acredito plenamente que tudo aquilo que atraio para minha vida é de minha inteira responsabilidade. E quando

160

algum obstáculo se manifesta, compreendo que o universo está me dizendo que há algo em mim que ainda deve ser curado.

Espiritualidade

No século passado, o "QI", ou "Quociente de Inteligência Intelectual", era a melhor maneira de medir o quão bem-sucedida uma pessoa seria na vida. Acreditava-se que os inteligentes eram os que se destacavam dentre os demais. Na década de 1990, o famoso autor Daniel Goleman revolucionou o mundo dos negócios apresentando o "QE ou Quociente de Inteligência Emocional". Goleman trouxe o conceito de duas mentes – a "racional" e a "emocional". Para o autor, o sucesso era alcançado pelo indivíduo que sabia lidar com suas emoções. Não adiantava ser somente inteligente, tinha que ser emocionalmente equilibrado e sociável.

Recentemente, estudos realizados pela Dra. Dana Zohar, da Universidade de Oxford, revelou outro quociente – o *"QS, ou "Quociente de Inteligência Espiritual"* (o S vem do inglês *"spiritual"*). Segundo a autora, este será o quociente de sucesso do novo milênio. *A inteligência espiritual coletiva é baixa na sociedade moderna. Vivemos em uma cultura espiritualmente estúpida, mas podemos agir para elevar nosso quociente espiritual*, afirma Dana em uma entrevista para a revista *Exame*[61].

Dana tem um currículo de dar inveja. É formada em física pela Universidade de Harvard e pós-graduada no MIT (*Massachusetts Institute of Tecnology*). Atualmente, mora com o marido e os filhos na Inglaterra, onde leciona na Universidade de Oxford. Ela baseou seu trabalho, que deu origem ao livro *QS – Inteligência espiritual*[62], em estudos divulgados por cientistas que afirmam terem descoberto o chamado "Ponto de Deus" no nosso cérebro. Esse ponto está localizado nos lobos temporais e nos faz buscar mais significado e valores para a nossa vida.

A *Inteligência Emocional (QE)* nos conduz a julgar a situação atual em que vivemos, avaliando a melhor maneira de nos comportar dentro dos limites existentes. Já a *Inteligência Espiritual (QS)* nos permite questionar se queremos estar de fato nessa situação. Enquanto a *QE* fala das emoções, a *QS* fala da alma. Mais do que questionar as emoções, a Inteligência Espiritual lhe faz buscar o verdadeiro sentido da vida. Elevar o *quociente espiritual* é aflorar o sentido de finalidade e propósito. É através dele que nos tornamos mais criativos para soluções de problemas, bem como desenvolvemos os valores éticos e as crenças que nos impulsionam para termos boas ações.

Segundo Dana, foram identificadas dez qualidades comuns às pessoas espiritualmente inteligentes. São elas[63]:

1) Praticam e estimulam o autoconhecimento profundo.

2) São levadas por valores. São idealistas.

3) Têm capacidade de encarar e utilizar a adversidade.

4) São holísticas.

5) Celebram a diversidade.

6) Têm independência.

7) Perguntam sempre "por quê?"

8) Têm capacidade de colocar as coisas num contexto mais amplo.

9) Têm espontaneidade.

10) Têm compaixão.

É importante deixar claro que o *quociente de inteligência espiritual* não está ligado a nenhuma religião. A própria Dana questiona sua fé cristã desde os 11 anos, e por isso tem procurado outras formas de encontrar realização espiritual fora das instituições religiosas.

Identifiquei-me com a Dana. Frequentemente, quando falamos de espiritualidade, a primeira coisa que fazemos é associá-la a uma religião. As pessoas costumam me perguntar: *Qual a sua religião?* Até um tempo atrás dizia que era católica. Depois começei a dizer que "nasci" numa família católica. Atualmente, digo que sou uma pessoa espiritualizada. Existem religiões cuja crença embasam os meus questionamentos, outras não. Respeito todas, mas tenho um apreço maior por algumas em especial. Estas pregam aquilo que acredito: a bondade, o amor, o não julgamento, a responsabilidade do indivíduo por tudo que acontece a sua volta e, principalmente, sua profunda ligação com a espiritualidade. Tento absorver um pouco de tudo, visto que estou sempre aberta ao conhecimento.

Acima de tudo, quando sou questionada, digo que creio numa Força Divina da qual todos fazemos parte. É uma pena que o homem, vivendo do seu egocentrismo, se esqueceu dessa unidade entre homem e natureza, por isso mata, desmata e maltrata aqueles que julga serem "inferiores" a ele.

As religiões convergem em um único objetivo: *possibilitar a qualquer indivíduo uma experiência com a sua origem*. E na maioria das vezes as diferentes religiões concordam que: a origem de todo ser humano é o espírito ou a alma. A única diferença é que em algumas pessoas o espírito está lá, mas permanece adormecido.

A meu ver, as instituições religiosas deveriam ser um canal para disseminar o amor, a compaixão e o respeito entre as pessoas. Afinal, religião é exatamente isso. Porém, observa-se o contrário. Hoje em dia vemos aqueles "que se casam" com a religião, mas se comportam de um jeito que eles mesmos não consideram como sendo "religioso", e nem tampouco "espirituoso". Dalai Lama disse sabiamente: *"A religião é, supostamente, um método de aumentar a compaixão e o perdão, que são os remédios para a raiva e o ódio. Então, se a própria religião criar maior ódio contra as outras fés religiosas, é como um suposto remédio para curar a doença, mas que, ao invés disso, causa mais doença".*

Em seu livro *A era de ouro da humanidade: a iniciação*, Carlos Torres[64] descreve a palavra religião como sinônimo de religação. Por isso, devemos entender que cada pessoa tem sua maneira própria de se religar com Deus. Muitas pessoas seguem uma religião, participam de reuniões, missas ou cultos, mas não estão religadas com o "Ser Superior". E tão logo deixam suas orações, se apegam às suas crenças limitantes. Infelizmente, elas estão adormecidas, não despertaram ainda. Você somente irá se religar com o divino quando encontrar-se consigo. Só assim sentirá alegria e se reconectará com o seu espírito. O processo de religação é o momento que a pessoa se sintoniza com o universo, é nesse momento que ela se depara com seu *propósito de vida*.

A partir do momento que você se religa com a sua divindade tudo parece conspirar a seu favor. A *sincronicidade* começa a dar sinais. Você pensa que se trata de "coincidências", mas não são. Lembre-se que o acaso não existe! Você começa a atrair pessoas na mesma vibração. Seus sonhos e desejos começam a se tornar realidade. É "a magia dos encontros", afirma Carlos Torres. Passa a perceber que tudo está intimamente ligado: trabalho, relacionamentos, família, amigos, riqueza, prosperidade.

Conectar-se com a sua espiritualidade é mais uma ferramenta poderosa de viver o *propósito de vida*. Mas como devo fazer isso? Através do amor-próprio, do não julgamento, aceitando as incertezas, aceitando que você é responsável por tudo que acontece na sua vida, vigiando suas emoções, se livrando dos pensamentos negativos sobre as coisas e as pessoas.

A leitura também me ajudou a esclarecer assuntos sobre a espiritualidade, principalmente com relação ao plano espiritual relacionado à morte. Antes do meu processo de transformação, questionava muito sobre o final da vida. Afinal, nos apegamos ao corpo. Questionava e temia a morte. Dizia para mim mesma: *Não podemos simplesmente "acabar" depois de morrer. Deve haver algo a mais além desta vida.* Quando alguém próximo morria, eu não via aquilo com tanto sofrimento. Para mim, era apenas o final de um ciclo para que outro começasse.

Sinceramente, não sei se venci de fato o medo da morte. Afinal, nunca me deparei com ela, nem perdi ninguém muito próximo. Ainda assim, me senti mais aliviada com as respostas que encontrei; e tenho encontrado. Passei a ser mais consciente da minha jornada.

"Você não verá um carro-forte atrás de um carro de funeral. Não importa quanto de dinheiro você tenha, não vai levá-lo com você. Não importa o quanto você tem, mas o que você fez com ele. A coisa importante que você pode fazer nessa vida é ajudar os outros. Porque a satisfação e os sentimentos bons que se tem ajudando os outros são transformadores", discursou o ator Denzel Washington para os formandos de 2015 da Dillard University.

Temos que deixar um pouco de lado as coisas materiais e se preocupar mais com a nossa evolução espiritual. No final, levamos conosco somente as nossas experiências.

Sou positiva e acredito que tudo caminha para o bem. Porém, sempre haverá escuridão a fim de que exista a luz. Devemos buscar sempre o melhor. E antes de querer curar o mundo, comece por você. Cure a si primeiro. Enfrente os seus medos. Cada um escolhe de que lado vai querer ficar, que caminho vai querer trilhar. Causa e efeito.

Eu já me decidi. E você?

Quem encontra seu *propósito* não vive uma vida de aflição espiritual. Segue o caminho com a certeza de que "somos seres únicos" conectados a este universo vasto, repleto de belezas. Convido-lhe a agradecer todos os dias pelas dádivas e obstáculos que encontrar. Afinal, isso faz parte da sua evolução.

Epílogo
As quatro estações

Propósito você não atinge, você vive.
Você atinge metas, concretiza
sonhos, tudo isso com a ajuda do
seu propósito.
Jussara Souza

Hoje tenho um sol dentro de mim. Seu brilho é tão intenso, que por vezes sinto-o sair por entre os meus poros. Esse sol marca o início do verão no meu calendário particular.

Também vivenciei outras estações na minha vida.

Primeiro veio o outono. Momento de reflexão e reclusão. Meu ascendente e a lua em escorpião me conduziriam para um período de catarse. Era preciso expurgar as crenças limitantes e abrir caminho para novos valores. Eu não queria ser mais "normal". Havia dor, havia dúvida, havia vazio. Meu *alter ego* tentou resistir. Felizmente, sem sucesso. Algo mais forte estava por vir.

Era o inverno. Foi preciso sentir o frio interno habitar o meu "ser" para um novo ciclo de vida começar. Foram dias nebulosos. Minha voz interior chegou feito rajada de vento propondo mudança. Senti frio, senti medo, senti sono. "Durma se for preciso", era o meu "Eu Superior" me aconselhando. Pare, contemple... deixe a quietude chegar à sua mente. Nesses dias, as minhas lágrimas eram prenúncio das tempestades se formando. Elas "banhavam" os meus olhos a fim de que eu pudesse enxergar um futuro de infinitas possibilidades. Afinal, eu olhava no espelho e não me reconhecia.

Yoga, Terapia Holística, Astrologia, Eneagrama, era preciso se conhecer melhor para resgatar a confiança de que dias melhores estavam por vir.

Tudo a seu tempo...

Então, veio a primavera. A época do plantio. Planejamento, mudança de hábitos, livros, muitos livros, fontes de inspiração. Era preciso se reinventar. Vi o filme da minha vida passando. Ainda pequena, pegando escondido os livros da minha irmã; as idas com a minha mãe à biblioteca da escola; a "Olivetti" verde-escura, presente dos meus pais. A cada lembrança, a semente do propósito brotando dentro de mim.

Estava na hora de sair da "caverna". Acabou o tempo de "hibernação". Levante-se! Um *click* interno me despertou para um talento escondido. Escrever... é isso! Queria saber mais a respeito desse propósito que provocou em mim um apetite intenso por autoconhecimento. E muito além... queria saber um pouco mais sobre a minha existência. Se estou aqui, deve haver um porquê!? As informações foram chegando. Nem tudo foi revelado. Nem seria. É a magia da criação. Os meus "chacras" começaram a "desabrochar" feito flores. Do inverno cinza para uma paleta de cores. Sentia a energia do meu corpo fluir livre por ele. Comecei a sonhar mais. Eram tantos sonhos!

Por fim, o verão chegou. E junto com ele o meu *propósito de vida*. Aprendi que a intenção ligada ao coração é muito mais forte que a mente julgadora. Ah!, os pensamentos repetitivos! Ainda luto contra eles. Mas aprendi a vigiá-los. E quando eles surgem... Ho'oponopono é um santo remédio.

Desvendei meu sexto sentido, minha intuição. Vejo sincronicidade em tudo ao meu redor. Seja ela boa ou ruim. Não importa.

Para tudo há um significado. Nada me afetará. Pelo menos, na minha cabeça, esse era o único pensamento no qual não aplico o método de cura havaiano.

Gratidão.

Essa palavra tornou-se um ato mental involuntário. Gratidão. Gratidão. Gratidão...

É preciso compartilhar tudo isso!

*

Este relato sincero dos meus sentimentos demonstra a sensação de ter vivido as quatro estações nos últimos três anos. Hoje vivo intensamente o verão, mas não temo a chegada do outono e do inverno. Estou mais bem preparada para eles. As primaveras sempre serão bem-vindas, trazendo "coisas" novas.

Sou uma pessoa mais espiritualizada. Afinal, é preciso viver para aprender a "morrer". Deixar o velho "desencarnar" para dar lugar ao novo. Como foi bom mudar. Pude refletir que a "lagarta" em mim não era tão feia assim. A gente aprende que sempre há beleza dentro dela. Mas para isso é preciso deixá-la se transformar. Levantar voo. Voe...

Não tema a escuridão, o inverno... o sol sempre vai voltar. E com ele, quem sabe, o seu *propósito de vida!*

Confie. Acredite.

> *Mas é claro que o sol vai voltar amanhã*
> *Mais uma vez, eu sei*
> *Escuridão já vi pior, de endoidecer gente sã*
> *Espera que o sol já vem*
>
> *Nunca deixe que lhe digam que não vale a pena*
> *Acreditar no sonho que se tem*
> *Ou que seus planos nunca vão dar certo*
> *Ou que você nunca vai ser alguém*

Tem gente que machuca os outros
Tem gente que não sabe amar
Mas eu sei que um dia a gente aprende
Se você quiser alguém em quem confiar
Confie em si mesmo
Quem acredita sempre alcança![65]

Namastê.

AGRADECIMENTOS

Este livro não existiria se eu não tivesse "despertado" há 3 anos. Por esse motivo, em primeiro lugar agradeço ao Divino Criador, que enviou a luz do despertar na minha vida. Como é maravilhoso compreender que tudo, exatamente tudo, ao meu redor tem um significado.

Ao meu marido Multitarefeiro, paciente, companheiro, e grande incentivador, sempre ao meu lado me apoiando a viver o meu propósito. Nossos caminhos não se cruzaram por acaso. Foi pura sincronicidade. Sincrodestino, como diria Deepak Chopra. Graças à Astrologia isso se confirmou. Ufa!

À minha família, que entende os meus momentos introspectivos de aprendizado e escrita. Moramos em estados diferentes, mas habitamos um mesmo coração, à exceção do meu sobrinho Felipe, que também mora em Taubaté. Sua presença me ajuda a abrandar a saudade. Amo todos vocês.

A todos os amigos, grandes apoiadores do meu trabalho: minha instrutora de yoga Flávia, minha terapeuta Alessandra, os companheiros de uma vida Fábio, Márcia, Lucelena, Murilo e muitos outros que não ao acaso surgiram na minha vida, enfermeira Adriana, Camila Judice...

À minha *coach* querida, Keyla. Sem o seu apoio profissional este livro sairia, talvez, quem sabe, quiçá, em 2020. Muito obrigada por me socorrer quando eu estava perdida, sem foco para organizar este trabalho. Você me ensinou que "virginianos perfeccionistas" também podem se perder no meio do caminho. Você me ajudou a enxergar além deste livro e a fazer as perguntas certas, a fim de obter as respostas certas. Nossos encontros foram muito mais do que sessões de *coaching*, foram bate-papos de aprendizado. Gratidão por dividir sua sabedoria comigo.

À Tine, criadora do Projeto Hapet em Taubaté, a quem tive a felicidade de ser apresentada pelas meninas do Acontece Eventos – Karina e Bruna. Gratidão por ter me concedido a entrevista que enriqueceu uma parte importante deste livro. Depois de ler a obra de Adam Grant, *Dar e receber*, e, em seguida, conhecer o seu trabalho de "doadora", ser voluntária faz muito mais sentido na minha vida. Acredito que a sua história poderá incentivar centenas de pessoas a se doarem mais àqueles que precisam apenas de uma oportunidade, compreensão e amor.

Não poderia deixar de agradecer a todos os meus parceiros literários do Instagram. Sinceramente, eu não esperava o acolhimento tão carinhoso deles. A cada gesto de carinho, o meu coração vibra em luz e gratidão.

E, por fim, à minha mentora espiritual, que sinto sempre ao meu lado me protegendo e me guiando. O poder da intenção ligada ao coração nos conectou. Sua presença ilumina e fortalece cada dia da minha vida. Um dia vamos nos encontrar... ou melhor, nos reencontrar.

Assim seja, e assim será.

FONTES DE INSPIRAÇÃO

Livros

A cabana – William P. Young.

A era de ouro da humanidade – Carlos Torres.

A fonte da juventude – Peter Kelder.

As sete leis espirituais do sucesso – Deepak Chopra.

A tríade do tempo – Christian Barbosa.

A única coisa – Gary Keller e Jay Papasan.

Career change – Joanna Penn.

Carlos Wizard: os sonhos não têm limites – Ignácio de Loyola Brandão.

Casais inteligentes enriquecem juntos – Gustavo Cerbasi.

Dar e receber – Adam Grant.

Desperte seu gigante interior – Anthony Robbins.

Encontro com homens notáveis – George Ivanovich Gurdjieff.

I Ching: o livro das mutações – Richard Wilhelm.

Mind Reader – Lior Suchard.

Mindset: a nova psicologia do sucesso – Carol S. Dweck.

O grande livro do Ho'oponopono – Jean Graciet, Dr. Luc Bodin e Nathalie Bodin.

O poder da ação – Paulo Vieira.

O poder da autorresponsabilidade – Paulo Vieira.

O poder do agora – Eckhart Tolle.

O povo azul: a lei do compartilhamento – Carlos Torres.

O propósito da sua vida – Michael Losier.

Os quatro compromissos – Dom Miguel Ruiz.

O segredo dos casais inteligentes – Gustavo Cerbasi.

Os sete hábitos das pessoas altamente eficazes – Stephen Covey.

Por que fazemos o que fazemos? – Mario Sergio Cortela.

Propósito: a coragem de ser quem somos – Sri Prem Baba.

QS: Inteligência Espiritual – Dana Zohar e Ian Marshall.

Sincronicidade – Carl Gustav Jung.

Vivendo no coração – Drunvalo Melchizedek.

Você pode curar sua vida – Louise L. Hay.

Você pode ter uma vida saudável – Lousie Hay, Ahlea Khadro e Heather Dane.

Filmes

A cabana.

A cor púrpura.

Comer, rezar, amar.

Desafiando gigantes.

Duas vidas.

Encontro com homens notáveis.

Estrelas além do tempo.

Feitiço do tempo.

Get on Up – A história de James Brown.

Mãos talentosas: a história de Ben Carson.

O poder da vida.

Vídeos e documentários

Comercial Nike Michael Jordan "Failure" [Disponível em https://www.youtube.com/watch?v=Q_ti9M8BKAU].

Discurso alunos da Dillard University – Denzel Washington [Disponível em https://www.youtube.com/watch?v=rzNAgzpaNYE].

Entrevista com Dr. Hew Len (Ho'oponopono) Leg – português completo [Disponível em https://www.youtube.com/watch?v=DvfnJdoJJUM].

Eu não sou o seu guru – Tony Robbins / Netflix.

Oprah Winfrey and how she got a part in The Colour Purple [Disponível em https://www.youtube.com/watch?v=CjYRLX4ukO4].

Os 7 princípios-chave para realizar seus sonhos – Carlos Wizard [Disponível em https://www.youtube.com/watch?v=recB5MA-h9U].

The Last Shaman – Netflix.

Yoga: arquitetura da paz – Netflix.

Sites interessantes e outras indicações

Astrolink – mapa astral online (recomendo) [Disponível em https://www.astrolink.com.br/].

Criando a partir do coração – Drunvalo Melchizedek [Disponível em https://www.youtube.com/watch?v=4mGlAX5GW0k].

Curso Eneagrama [Disponível em https://www.eneaser.com.br].

Entrevista com o Ihaleakala Hew Len – Ho'oponopono [Disponível em http://www.luzdegaia.org/aajuda/len.htm].

Ho'oponopono – Oração original [Disponível em https://www.youtube.com/watch?v=O_Z08RAjIos&t=3s].

Palestra As sete leis espirituais do sucesso, de Deepak Chopra [Disponível em https://www.youtube.com/watch?v=UqpGYE96mNg].

Planilha Controle Financeiro Bmfbovespa [Disponível em http://www.bmfbovespa.com.br/pt_br/educacional/educacao-financeira/planilha-de-orcamento/].

SynchroDestiny Course – Deepak Chopra [Disponível em https://chopra.com].

Notas

1 KIRVAN, J. *Viver em oração: momentos diários com Deus* – São Francisco de Salles. Petrópolis: Vozes, 2017.

2 CORTELLA, M.S. *Por que fazemos o que fazemos?* – Aflições vitais sobre trabalho, carreira e realização. São Paulo: Planeta, 2016.

3 BABA, S.P. *Propósito*: a coragem de ser quem somos. Rio de Janeiro: Sextante, 2016.

4 DWECK, C.S. *Mindset*: a nova psicologia do sucesso. São Paulo: Objetiva, 2017.

5 ROBBINS, A. *Desperte seu gigante interior* – Como assumir o controle de tudo em sua vida. 32. ed. Rio de Janeiro: Best Seller, 2017.

6 DWECK, C.S. *Mindset*... Op. cit.

7 YouTube – Comercial Nike Michael Jordan "Failure" [Disponível em https://www.youtube.com/watch?v=Q_ti9M8BKAU – Acesso em 18/04/2018].

8 *Get on up*: a história de James Brown. Direção: Tate Taylor. Produção: Brian Grazer, Mick Jagger.

9 CORTELLA, M.S. *Por que fazemos o que fazemos?...* Op. cit.

10 CHOPRA, D. *As sete leis espirituais do sucesso*. 60. ed. Rio de Janeiro: Best Seller, 2012.

11 TORRES, C. *Diálogo com um jovem de 17 anos* [Disponível em https://medium.com/carlos-torres/di%C3%A1logo-com-um-jovem-de-17-anos-330f24b8a8ea – Acesso em 098/02/2018].

[12] PROJETO HAPET [Disponível em http://www.haapet.org/].

[13] GRANT, A. *Dar e receber*: uma abordagem revolucionária sobre sucesso, generosidade e influência. Rio de Janeiro: Sextante, 2014.

[14] TORRES, C. *O povo azul* – A lei do compartilhamento. Jundiaí: Era de Ouro, 2012.

[15] PENN, J. *Career change*: Stop hating your job, discover what you really want to do with your life, and start doing it! Londres, 2008 [Edição Kindle].

[16] LOSIER, M. *O propósito da sua vida* – Um guia prático para você se sentir realizado e feliz em tudo o que fizer. Rio de Janeiro: Leya, 2017.

[17] COVEY, S. *Os sete hábitos das pessoas altamente mais eficazes*. 50. ed. Rio de Janeiro: Best Seller, 2014.

[18] ROBBINS, A. *Desperte seu gigante interior...* Op. cit.

[19] MINAMOTO, B. *O autoconhecimento através da yoga* [Disponível em https://www.nowmaste.com.br/o-autoconhecimento-atraves-da-yoga – Acesso em 12/03/2018].

[20] KELDER, P. *A fonte da juventude*. 18. ed. Rio de Janeiro: Best Seller, 2013.

[21] LOMBA, A.C.G. *Aprenda a meditar no tempo certo*. Stum – Somos todos um [Disponível em http://somostodosum.ig.com.br/clube/artigos.asp?id=3443 – Acesso em 15/09/2016].

[22] PEREIRA, R.C.B. *Massagem Ayurvédica Tradicional* – Técnica de Kusum Modak [Disponível em https://www.portaleducacao.com.br/conteudo/artigos/educacao/massagem-ayurvedica-tradicional-tecnica-de-kusum-modak/14118 – Acesso em 15/03/2018].

[23] *Mãos talentosas*: a história de Ben Carson. Direção: Thomas Carter. Produção: David A. Rosemont. Sony Pictures, 2009.

[24] HAY, L.L. *Você pode curar sua vida*. 8. ed. São Paulo: Best Seller, 1984.

[25] RUIZ, M. *Os quatro compromissos* – O livro da filosofia Tolteca. São Paulo: Best Seller, 2010.

[26] COVEY, S. *Os sete hábitos das pessoas altamente mais eficazes*. Op. cit.

[27] CHOPRA, D. *As sete leis espirituais do sucesso*. Op. cit.

[28] ROBBINS, T. *Eu não sou o seu guru*. Direção: Joe Berlinger. Produção: Joe Berlinger, Justin Wilkes, Brian Koppelman, David Levien, Kevin Huffman, Lisa Gray. Netflix, 2016.

[29] *Estrela além do tempo*. Direção: Theodore Melfi. Produção: Theodore Melfi, Pharrell Williams, Peter Chernin, Donna Gigliotti, Jenno Topping. Fox Film, 2017.

[30] *Portal da Educação* – Astrologia: definições e tipo [Disponível em https://www.portaleducacao.com.br/conteudo/artigos/educacao/astrologia-definicoes-e-tipo/61806 – Acesso em 30/05/2018].

[31] Ibid.

[32] *Wikipédia* – Eneagrama de personalidade [Disponível em https://pt.wikipedia.org/wiki/Eneagrama_de_Personalidade – Acesso em 30/05/2018].

[33] GURDJIEFF, G.I. *Encontro com homens notáveis*. São Paulo: Pensamento, 2006.

[34] GILBERT, E. *Comer, rezar, amar*: a busca de uma mulher por todas as coisas da vida na Itália, na Índia e na Indonésia. Rio de Janeiro: Objetiva, 2011.

[35] *A cabana*. Direção: Stuart Hazeldine. Produção: Gil Netter. Paris Filmes, 2017.

[36] *Desafiando gigantes*. Direção: Alex Kendrick. Produção: Stephen Kendrick, Alex Kendrick. Samule Goldwyn Films LLC, 2006.

[37] VIEIRA, P. *O poder da autorresponsabilidade*. 4. ed. São Paulo: Gente, 2018.

[38] CERBASI, G. *Casais inteligentes enriquecem juntos* – Finanças para casais. Rio de Janeiro: Sextante, 2014.

[39] CERBASI, G. *O segredo dos casais inteligentes*. Rio de Janeiro: Sextante, 2015.

[40] PENN, J. *Career change...* Op. cit.

[41] HAY, L.; KHADRO, A. & DANE, H. *Você pode ter uma vida saudável.* São Paulo: Planeta, 2016.

[42] ROBBINS, A. *Desperte seu gigante interior...* Op. cit.

[43] KING, S. *Sobre a escrita.* Rio de Janeiro: Objetiva, 2015 [Edição Kindle].

[44] VIEIRA, P. *O poder da ação.* São Paulo: Gente, 2015.

[45] BABA, S.P. *Propósito...* Op. cit.

[46] KELLER, G. & PAPASAN, J. *A única coisa* – O foco pode trazer resultados extraordinários para sua vida. Barueri: Novo Século, 2014.

[47] BARBOSA, C. *A tríade do tempo.* Rio de Janeiro: Sextante, 2012 [Edição Kindle].

[48] BRANDÃO, I.L. *Carlos Wizard*: os sonhos não têm limites. São Paulo: Gente, 2012.

[49] ROBBINS, A. *Desperte seu gigante interior...* Op. cit.

[50] WALKER, A. *A cor púrpura.* 12. ed. Rio de Janeiro: José Olympio, 2016.

[51] MELCHIZEDEK, D. *Vivendo no coração.* São Paulo: Pensamento, 2012.

[52] CHOPRA, D. *SynchroDestiny Course* – Lesson 5: Intention Without Attachment [Disponível em https://chopra.com – Acesso em 09/05/2018].

[53] JUNG, C.G. *Sincronicidade.* Vol. 8/3. 21. ed. Petrópolis: Vozes, 2011.

[54] COELHO, P. *Sincronicidade I* [Disponível em: http://g1.globo.com/platb/paulocoelho/2012/03/16/sincronicidade-i/ – Acesso em 16/04/2018].

[55] WILHELM, R. *I Ching*: o livro das mutações. 23. reimpr. São Paulo: Pensamento, 2006.

[56] CHOPRA, D. *Synchro Destiny*: The Path to Fulfillment of Desire. The Chopra Center [Disponível em https://chopra.com/online-courses – Acesso em 17/08/2017].

[57] *Revista Superinteressante. O que é a intuição?* [Disponível em https://super.abril.com.br/comportamento/o-que-e-intuicao – Acesso em 12/04/2018].

[58] SUCHARD, L. *Mind Reader*. Harper Collins ebooks, 2012 [Edição Kindle].

[59] GRACIET, J.; BODIN, L. & BODIN, N. *O grande livro do ho'oponopono*: sabedoria havaiana de cura. Petrópolis: Vozes, 2016.

[60] SAUNDER, C. Entrevista com o Ihaleakala Hew Len – Ph.D [Disponível em http://www.luzdegaia.org/aajuda/len.htm – Acesso em 20/04/2018] [Originalmente publicada por *The New Times*, em set./1997].

[61] NAIDITCH, S. Deus e negócios. In: *Revista Exame* [Disponível em https://exame.abril.com.br/revista-exame/deus-e-negocios-m0052782 – Acesso em 05/03/2018].

[62] ZOHAR, D. & MARSHALL, I. *QS*: inteligência espiritual. 5. ed. Rio de Janeiro: Viva livros, 2012.

[63] Ibid.

[64] TORRES, C. *A era de ouro da humanidade*: a iniciação. São Paulo: Chiado, 2015.

[65] RUSSO, R. & VENTURINI, F. *Mais uma vez*. EMI-Odeon, 1986.

CULTURAL

Administração
Antropologia
Biografias
Comunicação
Dinâmicas e Jogos
Ecologia e Meio Ambiente
Educação e Pedagogia
Filosofia
História
Letras e Literatura
Obras de referência
Política
Psicologia
Saúde e Nutrição
Serviço Social e Trabalho
Sociologia

CATEQUÉTICO PASTORAL

Catequese
Geral
Crisma
Primeira Eucaristia

Pastoral
Geral
Sacramental
Familiar
Social
Ensino Religioso Escolar

TEOLÓGICO ESPIRITUAL

Biografias
Devocionários
Espiritualidade e Mística
Espiritualidade Mariana
Franciscanismo
Autoconhecimento
Liturgia
Obras de referência
Sagrada Escritura e Livros Apócrifos

Teologia
Bíblica
Histórica
Prática
Sistemática

VOZES NOBILIS

Uma linha editorial especial, com importantes autores, alto valor agregado e qualidade superior.

REVISTAS

Concilium
Estudos Bíblicos
Grande Sinal
REB (Revista Eclesiástica Brasileira)

VOZES DE BOLSO

Obras clássicas de Ciências Humanas em formato de bolso.

PRODUTOS SAZONAIS

Folhinha do Sagrado Coração de Jesus
Calendário de mesa do Sagrado Coração de Jesus
Agenda do Sagrado Coração de Jesus
Almanaque Santo Antônio
Agendinha
Diário Vozes
Meditações para o dia a dia
Encontro diário com Deus
Guia Litúrgico

CADASTRE-SE
www.vozes.com.br

EDITORA VOZES LTDA.
Rua Frei Luís, 100 – Centro – Cep 25689-900 – Petrópolis, RJ
Tel.: (24) 2233-9000 – Fax: (24) 2231-4676 – E-mail: vendas@vozes.com.br

UNIDADES NO BRASIL: Belo Horizonte, MG – Brasília, DF – Campinas, SP – Cuiabá, MT
Curitiba, PR – Fortaleza, CE – Goiânia, GO – Juiz de Fora, MG
Manaus, AM – Petrópolis, RJ – Porto Alegre, RS – Recife, PE – Rio de Janeiro, RJ
Salvador, BA – São Paulo, SP